Britische Inseln

England • Schottland • Irland

JPMGUIDES

Inhalt

England 1

London 2

Cornwall 13

Dover 23

Lake District 41

Liverpool 49

Kanalinseln 31

Schottland 57

Edinburgh 58

Aberdeen 69

Glasgow 73

Nordschottland 79

Irland 97

Dublin 99

Belfast 107

Cork 117

Faltkarte 1

Britische Inseln, London

Inverness, Plymouth

Faltkarte 2

Irlands Südwesten

Isle of Man,

Belfast, Dublin,

Aberdeen, Glasgow

ENGLAND

LONDON
CORNWALL
DOVER
LAKE DISTRICT
LIVERPOOL

JPMGUIDES

London

In diese Stadt hat sich schon so mancher verliebt – meist allerdings nicht auf den ersten Blick. Den Zauber der Metropole muss man nämlich schon selbst entdecken, so etwa die schlichte Eleganz einer georgianischen Fassade, den viktorianischen Pub, bunte Geranien vor den Fenstern oder den Türklopfer aus glänzend poliertem Messing. So spürt man plötzlich den diskreten Charme dieser Stadt und fühlt sich auf einmal gut…

Was in London als Erstes auffällt, ist seine ungewöhnliche Vielfalt. Denn das bedeutende Regierungs-, Finanz- und Kulturzentrum ist eigentlich gar keine Stadt, sondern ein Nebeneinander einzelner Dörfer – Chiswick, Hampstead, Chelsea und andere scharen sich um die ursprünglich von einer Mauer umgebene City. Ein Blick auf die Straßen genügt, um Ihnen die abwechslungsreiche Geschichte dieses Einwanderungslandes vor Augen zu führen. Heute kämpft London gegen eine verstärkte Konkurrenz um seinen Platz als wichtigste Finanzmetropole Europas; Geschäftsleute aus aller Welt schwärmen hierher wie Bienen zum Honig, genauso wie die jungen Leute, die die vibrierende, aufgeschlossene Atmosphäre erleben möchten. Denn bei den Trends der Rock- und Popmusik, in Sachen Nachtleben und neueste Outfits ist die Hauptstadt Großbritanniens stets tonangebend.

Andere Besucher wiederum schätzen London als Mekka der traditionellen Künste: Oper, Ballett, Orchester- und Kammermusik, Theater und natürlich die zahlreichen Museen von Weltruf, während es Kinder zum Zoo und Aquarium zieht.

London mag im Herzen jung sein, aber es ist offensichtlich, dass es gleichzeitig nostalgisch an alten Traditionen festhält, auch wenn man heute kaum mehr Schirm und Melone sieht. Neuerungen lassen sich vor allem am Stadtbild beobachten: Ein Bauboom hat der Stadt Stahl- und Glastürme beschert, die zwischen Bauten im georgianischen und viktorianischen Stil in den Himmel ragen. Glücklicherweise gibt es in London fast so viele Flächen für Parks wie für Gebäude. Die Grünanlagen werden sorgfältig gepflegt und sind der ideale Ort für eine Ruhepause, zum Füttern von Enten oder für ein Picknick – und das im Herzen der Stadt! Außerdem machen Sie hier Bekanntschaften mit Londonern, die zu Ihren dauerhaften Erinnerungen an Englands Hauptstadt gehören werden.

Geschichtlicher Überblick

1.–11. Jh.

Wo einst eine keltische Siedlung war, gründen die Römer Londinium, das rasch aufblüht und zur Hauptstadt Britanniens wird. Nach dem Rückzug der Römer im frühen 5. Jh. beginnt eine Zeit voller Wirren: Germanische Stämme fallen in England ein und verdrängen die Kelten, und die Wikinger tragen mit Zerstörungen zum Chaos bei. Unter König Alfred dem Großen (871–99) wird die Ordnung wieder hergestellt; London entwickelt sich zur reichsten Stadt Englands. 1066 überqueren die Normannen unter Wilhelm dem Eroberer den Ärmelkanal und besiegen die Angelsachsen in der Schlacht von Hastings. Wilhelm lässt sich in der Abtei von Westminster zum König krönen.

12.–16. Jh.

Während Englands Herrscher in Frankreich oder auf Kreuzzügen kämpfen, wächst der Einfluss Londons. König Johann muss 1215 der Magna Charta zustimmen, die seinen Untertanen wichtige Rechte einräumt und London Privilegien bestätigt. 1348 wütet die Pest in London. Heinrich VIII. führt im 16. Jh. die anglikanische Staatskirche ein. Unter seiner Tochter Elisabeth I. erlebt das Land eine kulturelle Blütezeit – es ist dies die Zeit von Shakespeare!

17.–18. Jh.

Während kurzer Zeit reißen die Puritaner unter Cromwell die Macht an sich. Kaum ist die Monarchie unter Karl II. wieder eingeführt, rafft die Pest 1665 ein Drittel der Londoner Bevölkerung dahin; ein Jahr später zerstört ein Großbrand die Stadt. Beim Wiederaufbau entstehen neue Wohngegenden mit grünen Plätzen. Ende des 18. Jh. ist London eines der wichtigsten Handels- und Industriezentren.

19.–21. Jh.

Die industrielle Revolution lässt die Bevölkerungszahl ansteigen, in den Slums drängen sich die Arbeitermassen. 1863 wird die erste U-Bahnlinie der Welt eröffnet. Im 1. Weltkrieg wird die Stadt von den Deutschen bombardiert, und im 2. Weltkrieg kommen 30 000 Londoner unter Hitlers Bomben um, die Stadt wird schwer beschädigt. Der Wiederaufbau nach dem Krieg verändert das Stadtbild, während Immigranten aus ehemaligen Kolonien und aus Commonwealth-Staaten zu Londons kultureller Vielfalt beitragen. Spektakulär präsentiert sich der Start ins 21. Jh. mit der Eröffnung der Tate Modern, einer Kunstgalerie im alten Bankside-Kraftwerk. Im Jahr 2012 ist London Gastgeber der Olympischen Sommerspiele. Man erhofft sich davon nicht zuletzt einen Aufschwung für die östlichen Stadtteile.

Sehenswürdigkeiten

Westminster

Am besten beginnen Sie Ihre Stadtbesichtigung am **Trafalgar Square** mit dem Lord-Nelson-Standbild. Der Platz verdankt seinen Namen der Seeschlacht von Trafalgar, als 1805 Napoleons Flotte zwar besiegt, Nelson aber getötet wurde. Die Friese am Säulensockel erstellte man aus erbeuteten französischen Kanonen; die Löwen sind ein Werk von Sir Edward Landseer.

Die **National Gallery**, ein großes, klassizistisches Gebäude am Platz, beherbergt eine der berühmtesten Gemäldesammlungen der Welt: Hier findet man Meisterwerke wie die *Madonna in der Felsengrotte* von da Vinci, Holbeins *Botschafter*, Selbstbildnisse von Rembrandt, Turners *Rain, Steam and Speed*, ferner Gemälde von Velázquez, Van Gogh und viele andere. Die nahe **National Portrait Gallery** ist berühmten Gesichtern Englands gewidmet. Ein kürzlich eröffneter Flügel umfasst die Tudor Gallery und die Balcony Gallery, wo einige der neuesten Anschaffungen des Museums zu sehen sind. Im Dachgeschoss gibt es ein Restaurant.

Whitehall ist die Avenue zwischen dem Trafalgar Square und dem Parliament Square, die zum Synonym für Bürokratie und Regierung geworden ist. Von hier aus steuerte der Civil Service im 19. Jh. die Angelegenheiten des britischen Weltreichs. Auf der rechten Seite von Whitehall (wenn man die Straße hinuntergeht) stehen die fotogenen Mitglieder der Household Cavalry Wache. Die **Wachablösung** findet von Montag bis Samstag um 11 Uhr, am Sonntag um 10 Uhr statt.

10 Downing Street in einer schmalen Seitenstraße von Whitehall ist die offizielle Adresse eines jeden britischen Premierministers seit 1732. In der nächsten Querstraße von Whitehall, parallel zur Downing Street, befinden sich die Kellerräume der **Cabinet War Rooms**, von denen aus Churchill und das Kriegskabinett im 2. Weltkrieg operierten. Sie sind so möbliert, als wäre der große Mann noch da und würde eine seiner berühmten Reden halten.

Die **Houses of Parliament** überblicken den Parliament Square am unteren Ende von Whitehall. Das eindrucksvolle neugotische Gebäude entwarf Charles Barry, nachdem der ursprüngliche Palast 1834 einem Feuer zum Opfer fiel. Eduard der Bekenner ließ 1049 den ersten Königspalast von Westminster bauen und übersiedelte das Königliche Gericht aus der City hierher. Dann zog Wilhelm

Sommerliche Blütenpracht im St. James's Park, der ältesten der königlichen Gartenanlagen Londons.

der Eroberer hier ein, und noch 400 Jahre lang residierten hier die Könige. Die 1099 erbaute Westminster Hall ist der einzige ursprüngliche Teil des Palastes. Das House of Lords und das House of Commons tagen in den Houses of Parliament.

Die schöne gotische **Westminster Abbey** gegenüber ist der beste Rahmen für die großen Zeremonien Britanniens: Krönungen, Staatsbegräbnisse und königliche Trauungen. Hier finden die Könige und andere Berühmtheiten auch ihre letzte Ruhestätte. Die Kapelle Heinrichs VII. hat ein schönes Fächergewölbe und birgt die Gräber im Renaissance-Stil von Henry, seiner Mutter Lady Margaret Beaufort, Elisabeth I. und ihrer Halbschwester Mary.

Ein kurzer Umweg Richtung Süden am Fluss entlang führt Sie zur **Tate Britain**, einem interessanten Museum, das im 19. Jh. von Henry Tate gegründet wurde und zwei Bauten umfasst. Tate Britain zeigt die britische Kunst vom 16. Jh. bis heute (mit Werken von Blake, Turner und Bacon). Kehren Sie nun zum Parliament Square zurück und folgen Sie der Great George Street zum **St. James's Park**, dem ältesten und schönsten der königlichen Parks, den André Le Nôtre, der Gartenarchitekt von Versailles, angelegt hat.

Nordöstlich des Parks ließ Heinrich VIII. den **St. James's Palace** erbauen, der 300 Jahre lang eine der wichtigsten Residenzen des englischen Hofes war. Heute besitzen hier Mitglieder der königlichen Familie Wohnungen. Der Palast ist durch eine Brückenpassage mit der Queen's Chapel von Inigo Jones verbunden. Sie können jeweils am Sonntag hier oder in der Chapel Royal im Palastbezirk Gottesdienste besuchen.

Am Ende der Pall Mall befindet sich der **Buckingham Palace**, die offizielle Residenz der Königin. Elisabeth II. und ihr Gemahl belegen von den insgesamt 775 Räumen allerdings nur ein knappes Dutzend im oberen Stock des Nordflügels. 18 der Prunkräume kann man besichtigen, darunter auch den Thronsaal. Die **Queen's Gallery**, die vor einigen Jahren teuer renoviert wurde, zeigt abwechselnd die schönsten Objekte aus der königlichen Sammlung. Im **Königlichen Marstall** (*Royal Mews*) kann man ferner die Pferde und die Staatskarossen der Königin bestaunen. Von Mai bis Juli findet bei schönem Wetter täglich (während der restlichen Zeit an jedem zweiten Tag) um 11.30 Uhr das Schauspiel der Wachablösung (*Changing of the Guard*) vor dem Buckingham Palace statt. Dabei marschiert die Old Guard des St. James's Palace die Mall hinauf bis zur Old Guard vor dem Buckingham Palace, wo sie dann gemeinsam auf die New Guard warten.

Knightsbridge und South Kensington

Zuoberst auf dem Constitution Hill, der sich entlang der Nordfront des Buckingham Palace bis zur Hyde Park Corner zieht, steht das **Apsley House**, das Haus des ersten Duke of Wellington, das heute als Museum dient. Seine Sammlung umfasst Gemälde von Rubens, Velázquez, Van Dyck, Breughel, Goya und andere. In einem der Räume reflektieren riesige vergoldete Spiegel einen einmaligen Blick auf den **Hyde Park**. Diese wunderschöne große Anlage wurde zum Jagdrevier Heinrichs VIII., nachdem er das Grundstück im Zug der Klosteraufhebung den Mönchen der Westminsterabtei abgenommen hatte. Im Serpentinenteich können Sie baden, rudern oder segeln, auf der Rotten Row reiten oder einfach Ball spielen. An Sonntagen verkünden Vertreter aller Denkrichtungen am **Speakers' Corner** öffentlich ihre Überzeugungen. Westlich des Serpentinenteichs erstrecken sich die **Kensington Gardens**, die einst Wilhelm III. angelegt hatte. In den offenen Grünanlagen, die in den Hyde Park übergehen, heben sich der Round Pond, die Wasserspiele der Italienischen Gärten und das **Albert Memorial** hervor. Am westlichen Rand der Gartenanlagen steht der **Kensington Palace**, ein schlichter eleganter Bau, in dem einige Mitglieder der königlichen Familie Wohnungen besitzen und wo auch Prinzessin Dianas letztes Heim war. Die staatlichen Räume sind öffentlich zugänglich – hier kann man ferner die prächtige königliche Garderobe offizieller Anlässe bestaunen. Nordwestlich des Palastes erstreckt sich der trendige Bezirk **Notting Hill** der stilbewussten Londoner mit seinem Portobello Road Market. **Knightsbridge**, südlich des Hyde Park, ist *das* Shopping-Viertel Londons. Es prunkt mit großen Namen der internationalen Modebranche, Spitzenrestaurants und dem vornehmsten Warenhaus der Welt, dem legendären **Harrods**.

Folgen Sie der Brompton Road, werden Sie bald die neugotische Fassade des **Victoria and Albert Museum** (V&A) erblicken, das wohl weltweit schönste Museum für dekorative Kunst. Hier finden Sie Puppenhäuser, Möbel, Schmuck und die größte Sammlung indischer Kunst außerhalb Indiens. Auch die berühmten Entwürfe Raffaels zu den Wandteppichen der Sixtinischen Kapelle in Rom sind hier zu sehen.

Das **Science Museum** gegenüber ist eines der beliebtesten und auch besucherfreundlichsten Museen der Stadt voller spannender Entdeckungen der unterschiedlichen Wissenschaften, von der Autoindustrie bis hin zur modernen Psychologie.

Das **Natural History Museum** nebenan öffnete seine Tore bereits 1881, wurde aber inzwischen mit Computerspielen und Videos modern ausgerüstet. Nebst Ausstellungen über Geologie und Biologie präsentiert es auch viele Dinosaurierskelette.

Die **King's Road** südlich des Museenviertels spielte zur Zeit der »Swinging Sixties« eine Schlüsselrolle und stand noch während der Punk-Welle der 1970er-Jahre im Zentrum der Gegenkultur. Heute wird Ihnen ein Bummel durch die Straße eine Vorstellung vom Glamour Londons vermitteln.

2003 stellte der Kunstmäzen Charles Saatchi seine Werksammlung der »wilden« Brit-Art-Künstler erstmals in der **Saatchi Gallery** aus. Sie war bis 2005 in früheren Räumen der Stadtverwaltung Greater Londons untergebracht; im Oktober 2008 wurde die Galerie im Duke of York's Building in der Kings Road neu eröffnet.

West End

Der nicht gerade präzise Begriff bezeichnet den Teil Londons westlich der City. Heute verbindet sich der Name mit der Theaterwelt, Luxusrestaurants und Nachtklubs. Hier befinden sich aber auch Museen von Weltrang, großartige Einkaufsstraßen und schöne Parkanlagen. Der eleganteste ist der **Regent's Park**, wo es zahlreiche Attraktionen gibt: den **Londoner Zoo**, einen Teich zum Bootfahren, den Queen-Mary-Rosengarten und ein Shakespeare-Freilichttheater (im Sommer). Die **Regent Street** ist vor allem für **Hamley's**, das größte Spielzeuggeschäft der Welt, und das mondäne Kaufhaus **Liberty** berühmt. Auch **Madame Tussaud London**, das Wachsmuseum südlich des Parks an der Marylebone Road, lohnt einen Besuch. Nebst der grusligen Horrorkammer und Nachbildungen berühmter und berüchtigter Personen vermittelt die »Spirit of London«-Bahn einen Eindruck der Stadt im Wandel der Zeit.

Vom Regent's Park führen die meisten Straßen zur **Oxford Street**, der 3 km langen, lebhaften Shoppingmeile mit renommierten Geschäften. Die Einkäufe kann man in der New und Old Bond Street, der Regent Street und der Carnaby Street fortsetzen. Weiter südlich befindet sich das, was als Zentrum Londons gilt, der **Piccadilly Circus**. Die sogenannte Eros-Brunnenstatue ist in Wahrheit der *Engel der Nächstenliebe*, der dem Philanthropen Lord Shaftesbury gewidmet ist.

Folgen Sie der Oxford Street bis an ihr östliches Ende, wo sich die Tottenham Court Road befindet. Von hier sind es nur ein paar Schritte zum **British Museum** in der Great Russell Street. Die Fülle seiner Schätze ist schlicht überwältigend. Dazu gehören ägyptische Mumien und Wandgemälde aus Pompeji. Drei Galerien sind der Kultur Mesopotamiens und Anatoliens gewidmet und präsentieren unter anderem schöne Schmucksammlungen. In einem neuen Gebäude hat man die **British Library** untergebracht, ein einzigartiges Forschungszentrum. Hier findet man die *Magna Charta* (1215) und das Originalmanuskript von *Alice im Wunderland*.

Das Gebäude ist für Besucher täglich geöffnet, allerdings muss die Ruhe in den Lesesälen respektiert werden.

Östlich des Piccadilly oder südlich des British Museum erstreckt sich der **Leicester Square**, ein ausgedehnter Platz und beliebter Treffpunkt mit einigen der größten Kinos Londons. Von hier aus kann man gut Chinatown und den legendären Soho-Distrikt mit seinen Cafés, Restaurants und Klubs erkunden. Gehen Sie nun in östlicher Richtung zum **Covent Garden** in der Charing Cross Road, wo sich an Stelle des von Fielding und Hogarth gepriesenen alten Blumen- und Gemüsemarkts heute modische Geschäfte und Stände mit Antiquitäten, Kleidern und Kunsthandwerk befinden. Straßenkünstler sorgen für Unterhaltung.

Das **London Transport Museum** in der Ostecke des Platzes zeigt die Geschichte des öffentlichen Verkehrs in London seit den 1820er-Jahren – und wirft auch einen Blick in die Zukunft. Publikumslieblinge sind die historischen Busse, Straßenbahnen und U-Bahnen.

Folgen Sie der Wellington Street bis zur Straße Strand, wo sich auf der Flussseite das **Somerset-House**, ein prächtiges Gebäude von 1776, befindet. Es beherbergt die **Courtauld Gallery**. Die kostbare Sammlung impressionistischer Gemälde wurde vom Unternehmer Samuel Courtauld zusammengetragen und enthält Meisterwerke wie Manets *Bar in den Folies-Bergère* oder Van Goghs *Selbstbildnis mit verbundenem Ohr*. Der Südtrakt des Gebäudes birgt die **Gilbert Collection** mit europäischem Tafelsilber und italienischen Mosaiken aus dem 16.–19. Jh. Genießen Sie anschließend den weiten Blick von der Terrasse über die Themse.

Die City

Seit ihrer Gründung durch die Römer ist die City (oder Square Mile) das unangefochtene britische Finanzzentrum. Es gibt hier nebst vielen Sehenswürdigkeiten die stadtältesten Pubs.

Das Druckereigewerbe ließ sich im 16. Jh. in der Fleet Steet zwischen den Inns of Court und der St. Paul's Cathedral nieder. Zwei Jahrhunderte später wurde die Straße zur Heimat der britischen Presse. Aus dieser Zeit stammt auch der Spitzname der von Christopher Wren erbauten Kirche **St. Bride's** : »Pfarrkirche der Presse«. Ein kleines Museum in der Krypta gibt Aufschluss über die Drucker und Zeitungen, die inzwischen alle weggezogen sind.

Die weitläufige Anlage der **Inns of Court** ist die Bildungsstätte vieler englischer Juristen. Die vier Schulen, Inner und Middle Temple, Lincoln's Inn sowie Gray's Inn, wurden im 14. Jh. errichtet. Zwischen den einzelnen Gebäuden breitet sich ein ganzes Netz von Alleen und Plätzen aus, die an die Colleges von Oxford und Cambridge erinnern.

Folgen Sie der Fleet Street östlich bis zum Ludgate Hill. Bevor Sie zur St. Paul's hinaufsteigen, biegen Sie links ab, um zum **Old Bailey**, dem bekanntesten Gerichtshof der Welt, zu gelangen. Sie können von einer der Besuchergalerien aus den Rechtsvertretern (in Perücke) bei der Arbeit zuschauen.

Auf dem Ludgate Hill erhebt sich ein weiteres Wahrzeichen Londons, die **St. Paul's Cathedral**, ein Meisterwerk von Christopher Wren. Der Kuppelbau ist die fünfte Kirche, die dem Schutzpatron Londons zu Ehren hier errichtet wurde. Nachdem das vierte Gotteshaus beim großen Feuer von 1666 abgebrannt war, fand Wren im Schutt den alten Grundstein mit der Inschrift *Resurgam* (»Ich werde auferstehen«) und ließ das Wort am Giebeldreieck des Südtors seiner Kirche verewigen.

In St. Paul's wurden die Begräbnisse von Lord Nelson und Duke of Wellington abgehalten, und hier fand die Hochzeit von Lady Diana und Prinz Charles statt. Im Inneren ist das geschnitzte Chorgestühl zu bewundern. In der **Krypta** ruht Christopher Wren; auch seine Architekturmodelle sind hier zu sehen.

Steigen Sie in die **Flüstergalerie** hinauf und probieren Sie die außergewöhnliche Akustik aus. Von der Golden Gallery aus hat man eine wunderbare Sicht, sie wurde aus Anlass ihres 300-jährigen Jubiläums einer gründlichen Restaurierung unterzogen (Wiedereröffnung Mai 2009).

Das **Museum of London** nördlich von St. Paul's lohnt einen kleinen Abstecher. Es bietet einen faszinierenden Rückblick auf die Geschichte der Stadt. Die Räume im Untergeschoss werden bis Frühjahr 2010 neu gestaltet, aber in den oberen Galerien finden weiterhin Ausstellungen statt.

Die riesige Stadthalle **Guildhall** wurde nach dem Krieg in ihrer ganzen gotischen Pracht wieder aufgebaut. Die **Guildhall Art Gallery** in einem Seitenflügel zeigt in erster Linie britische Kunst seit dem 17. Jh.

Südöstlich der Museen, am Flussufer, thront der **Tower of London** – eines der berühmtesten Gebäude der Welt. Es war nacheinander königliche Residenz, Gerichtshof und Gefängnis. Zudem beherbergt es das

Jewel House, wo man die berühmten **Kronjuwelen** bestaunen kann. Die Grundsteine des Towers wurden im 11. Jh. gelegt, als Wilhelm der Eroberer seine Stellung sichern wollte. Heute wird der Tower von Yeomen (»Beefeaters«) bewacht, die Schauergeschichten erzählen und für Fotos posieren. Seit 700 Jahren findet allabendlich die **Ceremony of the Keys** statt.

Über die Themse spannt sich die **Tower Bridge**, ein Glanzstück viktorianischer Ingenieurskunst. Der Mittelteil kann innert 90 Sekunden für die Durchfahrt großer Schiffe geöffnet werden – wenngleich dies heute nicht mehr oft geschieht. Im Innern der Brücke dokumentiert die Tower Bridge Exhibition ihre über 100-jährige Geschichte; von hier gelangt man auch auf die schmalen Gehsteige hoch über der eigentlichen Brücke.

South Bank

Der einst verrufene Außenbezirk trat ins neue Millennium mit einigen gewagten Bauprojekten sowie interessanten Museen und Kunstkomplexen ein.

Nichts deutet heute mehr darauf hin, dass der am Themseufer vertäute Kreuzer **HMS Belfast** im 2.Weltkrieg bei der Landung der Alliierten am D-Day in der Normandie eine wichtige Rolle gespielt hat. Man kann an Bord steigen und sein Inneres besichtigen.

Gehen Sie nun stadtwärts, um zum Museum **Winston Churchill's Britain at War Experience** in der Tooley Street zu gelangen, das den Auswirkungen des 2. Weltkriegs auf die Zivilbevölkerung gewidmet ist.

Wenn Sie derselben Straße ein Stück weiter folgen, erreichen Sie das **London Dungeon**, ein Horrormuseum, das allerdings nichts für Nervenschwache und Kinder ist. Inszeniert werden Folter, Tod, Jack the Ripper und – sehr realitätsnah – ein Londoner Großbrand.

Wieder am Fluss kommen Sie nach der Southwark Bridge zum **Shakespeare's Globe Theatre** mit strohgedecktem Dach wie zu Shakespeares Zeiten – man hat es auch unweit der Stelle errichtet, wo der Originalbau stand. Führungen informieren Sie über Techniken und Hilfsmittel der damaligen Aufführungen. Von Ende April bis Mitte Oktober werden täglich zweimal Theaterstücke inszeniert.

Die überwältigende **Tate Modern** in dem umgestalteten Bankside-Kraftwerk ist eine Galerie internationaler Kunst von 1900 bis zur Gegenwart. Es gibt hier mehrere Läden und im 6. Geschoss ein Café mit großartigem Blick auf St. Paul's.

Gleich vor der Tate Modern verbindet die elegante **Millennium Bridge** die beiden Ufer der Themse. Sie wurde von der Queen im Mai 2000 eingeweiht, musste aber wenige Monate später wieder geschlossen werden, weil sie in Schwingungen geriet, wenn Leute darübergingen. Fast 2 Jahre später war das Problem behoben, und die Brücke konnte wieder eröffnet werden.

Gehen Sie die Themse entlang weiter, am mehrstöckigen Betonblock des South Bank Arts Complex vorbei zum größten Riesenrad der Welt, dem **BA London Eye**. Eine Fahrt dauert etwa 30 Minuten. Der Blick über die Stadt aus 135 m Höhe ist überwältigend.

Unweit des London Eye können Sie im früheren Hauptquartier des Greater London Council das **London Aquarium** kennenlernen, das zu den größten Europas zählt und soeben einer teuren Renovierung unterzogen wurde.

Die Tate Modern bietet internationale Kunst des 20. und 21. Jh. in einem ehemaligen Kraftwerk an der Themse.

CORNWALL

SCILLY-INSELN • PLYMOUTH

Meer und Mythen

Mit ihrer natürlichen Vielfalt bietet die Grafschaft Cornwall (3547 km^2) den Besuchern ein Ferienparadies ersten Ranges: Über 500 km Küstenlandschaft zeugen vom jahrhundertelangen Kampf gegen das Meer; und die uralte, noch immer lebendige keltische Tradition, die vielen historischen Stätten, Schlösser, Kirchen, Landsitze und Gärten bieten eine schier unerschöpfliche Zahl von vielfältigen Eindrücken. Zwischen einladenden Sandstreifen, jäh in die schäumende Brandung abfallenden Felsen, einsamen Buchten und berühmten Häfen erleben Sie den Zauber einer Gegend, in der Sie sich schnell zu Hause fühlen werden.

An der Nordküste liegen Badeorte wie Bude, Watergate Bay oder St. Ives mit goldenen feinsandigen Dünen vor dem Hintergrund dramatischer Klippen. Die Südküste zwischen dem Tamar-Fluss und Penzance ist im Gegensatz dazu vor dem Atlantik geschützt; hier fällt das Ufer meist sanft zum Wasser hin ab. Der Küstenstrich ist in Grün gekleidet, und Grün begleitet auch die Flüsse Fowey, Fal und Helford auf ihrem gewundenen Lauf zur See. An dieser »kornischen Riviera« herrscht dank des Golfstroms ein überaus mildes Klima, und die Besucher sind von der subtropischen Flora überrascht, zu der sogar Palmen zählen.

Die wichtigsten und größten Naturhäfen sind Whitsand, St. Austell, Mount's Bay, Veryan – und natürlich das Seebad Falmouth, eine der Perlen Cornwalls. Neben seiner Bedeutung für die Seefahrt ist Falmouth dank der geschützten Lage ein Paradies für Schwimmer und Segler. Wunderschöne Sandstrände erstrecken sich bis zum Horizont, und exotische Pflanzen tauchen die Stadt in ein Blütenmeer.

Das Landesinnere ist von säuberlich angeordneten Hecken durchzogen; sie verkörpern den geregelten Lebensstil der Bewohner, der sich mit einer legendären Herzlichkeit gegenüber Besuchern vereint.

45 km vor Land's End liegt der Scilly-Archipel, der aus über 200 Inseln, Riffen und Felsen besteht. Die größte Insel, St. Mary's, ist etwa 5 km breit. Die Einwohner verdienen sich ihren Lebensunterhalt seit über einem Jahrhundert hauptsächlich im Winter: Sie bauen auf geschützten Feldern Frühlingsblumen an, mit denen sie den Londoner Markt beliefern. Heute wird diese Einnahmequelle im Sommer durch die Fremdenverkehrsindustrie ergänzt.

Geschichtlicher Überblick

Frühzeit

Cornwall wird während der Altsteinzeit vermutlich über die Landbrücke von Westeuropa besiedelt.

5.–10. Jh.

Germanische Stämme (Angeln, Sachsen und Jüten) stürmen die englischen Küsten, lassen sich nieder und gründen Königreiche. Die eingeborenen Kelten kämpfen, nach der Legende angeführt von König Arthur (Artus), gegen die Angelsachsen und werden endgültig erst im 10. Jh. besiegt. Reste ihrer keltischen Sprache sind noch heute in vielen Ortsnamen zu erkennen.

11.–16. Jh.

Im 12. Jh. schenkt Heinrich I. die Scilly-Inseln dem Abt von Tavistock in Devon. 1327 werden sie an das Herzogtum Cornwall angeschlossen. An der Stelle des heutigen Falmouth entsteht ein Fischerdorf. In der Mitte des 16. Jh. erlangt der Hafen Falmouths strategisches Gewicht. Mit dem Bau der beiden Festungen Pendennis und St. Mawes verstärkt Heinrich VIII., von Frankreich, Spanien und dem Papst bedrängt, seine Kette von Verteidigungsanlagen an der Küste; ihre Bedeutung wird beim spanischen Invasionsversuch durch die Armada (1588) offenkundig. Die Scilly-Inseln werden an Sir Francis Godolphin verpachtet.

17.–19. Jh.

Während des Bürgerkriegs belagern die Parlamentstruppen 1646 die Festung Pendennis während 153 Tagen, bis schließlich eine ehrenvolle Kapitulation ausgehandelt wird. Zum Dank für seine Standhaftigkeit erhält Falmouth später von Karl II. die Stadtrechte bestätigt. Von 1688 an ist es bis ins 19. Jh. hinein wichtigster Poststützpunkt des Landes für den Überseeverkehr. Im 18. Jh. gehen die Scilly-Inseln wieder an die britische Krone zurück. Die Einheimischen leben vor allem von Schmuggel und Seeräuberei, bis im 19. Jh. der Großgrundbesitzer Augustus Smith die Inseln pachtet, verschiedene Reformen einleitet, eine Fährverbindung mit dem Festland einrichtet und die Gärten der Abtei von Tresco anlegt. 1880 nimmt der Blumenexport seinen Anfang.

20.–21. Jh.

Mit der Errichtung der Docks und dem Anschluss ans Eisenbahnnetz gewinnt Falmouth weiter an Bedeutung. Während der beiden Weltkriege spielen die Werften bei eiligen Reparaturen an Kriegsschiffen eine entscheidende Rolle. Der aufkommende Tourismus entwickelt sich zu einer Haupterwerbsquelle der Region.

Sehenswürdigkeiten

Falmouth

Als Ausgangspunkt für einen Besuch von Falmouth eignet sich der **Jachthafen** im Norden der Stadt. Das Gewirr von Schiffsmasten ist ein Beweis dafür, dass die Briten ein Volk von Seglern sind.

Wenn Sie dem Hafenkai folgen, gelangen Sie bald ins eigentliche Stadtzentrum. Am Ende der High Street, beim **Prince of Wales Pier**, herrscht stets emsiges Treiben. Hier beginnen zahlreiche Ausflugsfahrten; die Fähren nach Fushing und St. Mawes legen ebenfalls hier ab.

Ganz in der Nähe sollten Sie sich im **Kimberley Park** umsehen, wo Sie die farbenfrohe Erklärung dafür finden, weshalb Falmouth Jahr für Jahr für seine Blumenpracht ausgezeichnet wird. Die Bananenstaude ist ein anschauliches Beispiel für das milde Klima von Falmouth!

Am Custom House Quay lohnt das **National Cornwall Maritime Museum** einen Besuch. Anhand verschiedener interessanter und zum Teil interaktiver Austellungen wird hier auf drei Ebenen die Seefahrttradition der Stadt vorgestellt. Ein Gang zum benachbarten North Quay, und Sie entdecken einen modernen Hafen für Jachten auf Besuch. An den langen schwimmenden Pontons finden zahlreiche Boote eine bequeme Anlegestelle. Noch etwas weiter südlich liegen die Werften. Insgesamt vier Trockendocks und 2½ km lange Pieranlagen gestatten Reparaturen an Schiffen bis zu 100 000 BRT. Nur wenige Hundert Meter davon entfernt bietet die Strandpromenade **Gryllyngvase** mit ihren eleganten Hotels und schicken Cafés eine willkommene Verschnaufpause.

Mit frischem Elan besuchen Sie nun am besten den östlichen Teil der Stadt, die Halbinsel Pendennis Point, die von **Pendennis Castle** überragt wird. Die 1546 vollendete Verteidigungsanlage ist heute der Öffentlichkeit zugänglich. Auf der anderen Seite der Bucht erhebt sich auf einer Landzunge ihr Gegenstück, **St. Mawes Castle**.

Wer etwas zur Körperertüchtigung tun möchte, ersteigt die **Jacob's Ladder** (Jakobsleiter), eine Gasse unweit des Prince of Wales Pier. Die nach ihrem Erbauer, Jacob Hamblyn, benannte Treppe zählt 111 Stufen. Zur Stärkung gibt es Pubs unten und oben an der Stiege.

Südlich von Falmouth liegen zwei sehenswerte Gärten: Der **Glendurgan Garden** ist an einem Hang über dem Helford River angelegt. Hier werden alte Bäume, prächtige Blumenarrangements, kleine Einzelgärten und ein Labyrinth aus Lorbeerhecken sorgfältig gepflegt. Der hübsche **Trebah Garden** ganz in der Nähe ist eine 10 ha große zum Meer verlaufende Schlucht mit Teichen, Wasserfällen, Blütenpracht und üppig grünenden Gewächsen.

Östlich von Falmouth

Das Kultur-, Handels- und Verwaltungszentrum der Grafschaft Cornwall, **Truro**, liegt am nördlichen Rand des Netzes von Wasserwegen um Falmouth. Zu den schönen Gebäuden aus dem 18. Jh. zählen ein paar elegante georgianische Häuserzeilen. Truros Kathedrale in neugotischem Stil wurde in der zweiten Hälfte des 19. Jh. errichtet, nachdem Cornwall eine eigene Grafschaft geworden war. Ein Blick in die Kathedrale lohnt sich, ebenso ein Besuch des Royal Cornwall Museum, welches die Geschichte Cornwalls erzählt. 6 km südlich von Truro befindet sich eine weitere prächtige Grünanlage: **Trelissick Garden**, eine stille Oase mit schönem Blick über die Bucht von Falmouth. Besonders im Mai und im Juni entfaltet der Park seine schönste Blütenpracht.

Am Ärmelkanal ziehen bezaubernden Fischerdörfer die Reisenden an. In **Mevagissey** und **Polperro** sprenkeln Cottages die Landschaft. Das von der Zeit fast unberührte Charlestown ist bei Produzenten von historischen Filmen beliebt geworden. Im Mittelalter lebten die Einwohner des reizvollen **Fowey** von Beutezügen entlang der französischen Küste. Heute geht man im Hafenort nur noch legalen Beschäftigungen nach, vor allem dem Export von Porzellanerde (Kaolin), die um St. Austell gewonnen wird. Man verwendet sie bei der Herstellung von Papier, Kosmetika und natürlich von Porzellan. Die schönsten Fotos von Fowey schießt man von der Fähre nach Polruan aus.

West- und Nordküste

Penzance ist die westlichste britische Stadt und zugleich einer der wärmsten Orte des Landes. Die Winter sind so mild, dass hier Tropenpflanzen gedeihen, und im Frühling breiten Felder von Osterglocken ihre gelben Teppiche über den zerklüfteten Buchten aus.

In der Mount's Bay ragt gegenüber von Penzance das Felseninselchen **St. Michael's Mount** aus dem Meer, gekrönt von einem Benediktinerkloster aus dem 12. Jh., das im 17. Jh. in einen luftigen Herrensitz verwandelt wurde. Diese englische Version des berühmteren Mont-Saint-Michel an der normannischen Küste erreicht man mit der Fähre von Marazion aus – und bei Ebbe zu Fuß.

Der äußerste Westzipfel Englands, **Land's End**, ist eine in den Atlantik vorkragende Felszunge. Von der Granitklippe blickt man über den endlos weiten Ozean; zwischen hier und Amerika liegt kein Land mehr außer den Scilly-Inseln, die bei klarem Wetter zu sehen sind. Einen ernüchternden Kontrast zur ungezähmten Natur bildet der Themenpark auf dem Gelände, der kornische Mythen und Geschichte nachzeichnet.

St. Ives an der Nordküste ist ein malerischer Fischereihafen und Urlaubsort, der viele Künstler angezogen hat. Die Londoner Tate Gallery hat hier eine Zweigstelle eröffnet; zu den umfangreichen Beständen moderner kornischer Kunst gehören auch Werke der Bildhauerin Barbara Hepworth (1903–75), deren Atelier in St. Ives heute ebenfalls ein Museum ist.

An landschaftlicher Dramatik ist **Tintagel**, angeblich die Geburtsstätte von König Artus, wohl kaum zu überbieten. Allerdings erntet den Spott der Historiker, wer die Reste der Felsenburg mit dem sagenhaften weisen Herrscher verknüpft, der um 500 n. Chr. die eindringenden Sachsen bekämpfte (die Ruinen stammen nämlich aus dem 12. Jh.). Doch an Tagen, wo unter dräuendem Himmel die See unten an das Kliff brandet, schenkt man der Legende nur allzu gern Glauben.

Im **Bodmin Moor** in der Mitte der schmalen kornischen Halbinsel führt eine einzige Straße durch die wilde Landschaft; hier stößt man auf verschiedene Steinkreise aus vorgeschichtlicher Zeit. Das Moor ist Schauplatz von Daphne du Mauriers Roman *Jamaica Inn* (1931), und in dem Gasthof können Sie noch heute einkehren.

Die Scilly-Inseln

Auf der Hauptinsel **St. Mary's**, die aus zwei Hügeln besteht, liegt **Hugh Town**, Hauptort, Hafen und Geschäftszentrum für sämtliche Inseln. Beidseits der Stadt erstrecken sich feine Sandstrände. Vom nördlichen überblickt man den Hafen, der südliche befindet sich in der geschützten Bucht von Porth Cressa. Zum Schutz vor Seeräubern wurde Hugh Town direkt unter den Kanonen der **Garrison**, der Festung auf dem kleineren der beiden Hügel, erbaut. Auf den Felsen sind noch alte Geschütze zu sehen. Das sternförmige **Star Castle** wurde 1593 von Sir Francis Godolphin errichtet. Heute ist es ein Hotel.

In Hugh Town empfiehlt sich der Besuch des **Isles of Scilly Museum**, wo Sie einen Überblick über die Geologie, Archäologie und Naturgeschichte von Scilly gewinnen und Schätze aus alten Wracks bewundern können.

Die Südhänge von St. Mary's zieren von Hecken gesäumte Osterglockenfelder. 16 km Küstenfußwege ermöglichen einen Inselrundgang entlang den Granitklippen zum wilden Kap **Peninnis** und weiter an zerklüfteten Landzungen und geschützten Buchten vorbei, die so malerische Namen wie *Big Jolly Rock* (großer heiterer Fels) und *Loaded Camel* (beladenes Kamel) tragen.

Zum Andenken an den unglücklichen Admiral Sir Cloudsley Shovel (siehe Kasten S. 20) wurde in **Porth Hellick** ein Denkmal errichtet.

Auf dem Friedhof von **Old Town**, das vor dem Bau von Hugh Town Inselhauptort war, sind mehrere Hundert deutsche Passagiere begraben, die an Bord des gesunkenen Dampfers *Schiller* den Tod fanden.

Von Ostern bis Oktober verkehrt regelmäßig ein Rundreisebus auf den Inselstraßen, der Besucher zu allen anderen Sehenswürdigkeiten bringt. Dazu gehören die Reste eines steinzeitlichen Dorfes, alte Gräber und Befestigungsanlagen aus dem Bürgerkrieg. Das interessante **Heritage Centre** in der Mitte der Insel befasst sich mit der Geschichte des Archipels. Hier befindet sich auch die sehenswerte, 1986 gegründete subtropische Gartenanlage **Carreg Dhu Community Garden**.

Tresco, die zweitgrößte Insel, ist ebenfalls für ihre subtropischen Gärten berühmt: Im Park der **Tresco Abbey** gedeihen Pflanzen aus der ganzen Welt, darunter Fächer- und Yuccapalmen, Bananenstauden, Mimosen und Sukkulenten. Von der Abtei (12. Jh.) sind nur wenige Ruinen übrig geblieben. In der Gartenanlage befindet sich das **Valhalla Maritime Museum**, wo Sie Galionsfiguren und andere Reste historischer Wracks besichtigen können.

An der Westküste, nördlich der Hauptanlegestelle New Grimsby, befinden sich das turmbewehrte **King Charles' Castle** (Mitte 17. Jh.), das die Royalisten während des Bürgerkriegs benutzten, und – ganz in der Nähe – das von den siegreichen »Rundköpfen« der Parlamentspartei erstellte **Cromwell's Castle** (Mitte 18. Jh.).

An der Nordküste führt eine Schlucht zu **Piper's Hole**, einer tiefen Höhle mit einem kleinen unterirdischen See; sie diente einst als Schmugglerversteck.

Die Insel **Bryher** liegt parallel zu Tresco und ist mit ihrem schönen Strand in Rushy Bay, ihrem Vogelschutzgebiet bei Great Pool, einer Robbenkolonie und den wilden Felsklippen von Hell Bay – wörtlich »Höllenbucht« – ein beliebter Ausflugsort. Sie ist die kleinste besiedelte Scilly-Insel und zählt nur rund 50 Einwohner.

Östlich von Tresco, auf **St. Martin's**, erwarten Sie ebenfalls lange weiße Sandstrände. Der Granitsand ist so fein, dass er (vor der Erfindung des Löschpapiers) zum Trocknen von Tinte gebraucht wurde.

Südwestlich von St. Mary's liegen **St. Agnes** – mit einem Leuchtturm aus dem 17. Jh. – und **Gugh**. Die beiden werden zu einer zusammenhängenden Insel, wenn die Ebbe die sie verbindende Sandbank freilegt. Dort sehen Sie von den **Wingletang Downs** (Dünen) aus die westlichsten Felsen von Scilly – die äußerste Spitze Großbritanniens.

Felsen und Wracks

Die gefährlichen Küsten der Scilly-Inseln haben über 2000 Schiffshavarien verursacht. Die bekannteste Tragödie ereignete sich 1707, als die britische Flotte bei ihrer Rückkehr aus dem Mittelmeer ihren Kurs falsch berechnete und direkt in die westlichen Felsen steuerte. Vier Kriegsschiffe versanken mit insgesamt 1400 Mann an Bord, darunter auch der Kommandant Admiral Sir Cloudsley Shovel. Taucher fanden 1967 unweit der Gilstone-Riffe Überreste der Wracks.

Ein Volkslied erzählt, dass ein Matrose Sir Cloudsley auf seinen Fehler aufmerksam gemacht hatte, jedoch wegen dieser Frechheit gehängt wurde. Sir Cloudsley wurde nach der Katastrophe in Porth Hellick an Land geschwemmt; Gerüchten zufolge soll er von einer Frau noch lebend aufgefunden, dann aber wegen seines prunkvollen Ringes ermordet worden sein. Diese Version ist ziemlich unwahrscheinlich. Der Ring wurde aber tatsächlich gestohlen, das bewies der Eindruck an Cloudsley's Finger, der bei seinem Begräbnis in der Westminster Abbey in London noch immer sichtbar war.

1840 kenterte ein französisches Schiff in einem Sturm nahe der Inseln und trieb drei Tage lang mit dem Rumpf nach oben auf See, bevor es in Porth Hellick strandete. Die verblüfften Inselbewohner hörten schwache Hilferufe, worauf sie den Rumpf aufschnitten und noch einige überlebende Seeleute vorfanden.

Im Jahr 1878 lief der deutsche Dampfer *Schiller* auf seiner Fahrt von New York nach Plymouth auf ein Riff und sank. Über 300 Passagiere und Besatzungsmitglieder fanden dabei den Tod.

Plymouth

Plymouth hat eine bewegte Vergangenheit. Auf dem vom Atlantik umspülten Südwestzipfel Englands gelegen, diente die Hafenstadt während Jahrhunderten als Bollwerk gegen kriegerische Eindringlinge und zugleich als Ausgangspunkt von Seereisen in alle Welt.

Während der großen Seefahrerzeit Englands verließen unerschrockene Abenteurer Plymouth in Richtung Kanada, Amerika oder Südsee. Francis Drake und später James Cook stachen hier zu ihrer Weltumsegelung in See – wen wundern da die 40 über die ganze Erde verstreuten Orte namens Plymouth?

Die Stadt wurde an einem tief ins Land hineinragenden Sund erbaut und liegt dadurch besonders geschützt; sie gehört zu den sichersten Häfen der englischen Kriegs- und Handelsschifffahrt. Die Werften und Befestigungsanlagen tun der natürlichen Schönheit des Plymouth Sound keinen Abbruch – ja man hat ihn schon mit der Bucht von Neapel verglichen.

Sehr eindrucksvoll zeigt sich der Plymouth-Sund von der schön über der Stadt gelegenen Promenade **The Hoe**. In der gepflegten Parkanlage blickt eine Bronzestatue von Francis Drake aufs Meer. Näher an der Küste steht der **Smeaton's Tower**, ein Leuchtturm, der auf einer Klippe im Meer 130 Jahre lang seinen Dienst versah und Ende des 19. Jh. an die Promenade versetzt wurde. Von oben haben Sie einen weiten Blick über die Stadt und die Bucht mit Drake's Island.

Im Osten wird der Hoe durch die 1665 von Karl II. erbaute **Royal Citadel** beherrscht. Neben der Festung steht das Marine Biological Laboratory, ein wichtiges Forschungsinstitut mit dem **National Marine Aquarium**, das zu den größten Englands zählt.

Die Madeira Road führt ostwärts am Ufer entlang zum historischen Stadtkern **Barbican**. Enge Pflastergässchen und alte Häuser umgeben Sutton Harbour und den Fischmarkt. Ein **Gedenkstein** erinnert an die *Mayflower*, mit der die Pilgerväter 1620 nach Neuengland segelten.

Empfehlenswert ist auch der Besuch der Plymouth Gin Distillery und der Barbican Glassworks. In der New Street steht das **Elizabethan House** (16. Jh.) mit Fachwerk und bleigefassten Fenstern. Seine Räume sind im Stil der Tudorzeit möbliert.

Von den Kaianlagen des Barbican werden **Flussfahrten** auf dem Tamar River oder Ausflüge zu Drake's Island mit seinem alten Fort veranstaltet.

Über Southside und Notte Street gelangen Sie zum **Merchant's House Museum** (16.–17. Jh.) in der St. Andrew's Street, in dem Sie Wissenswertes über die Stadtgeschichte erfahren. Das älteste Wohnhaus ist jedoch das **Prysten House** (15. Jh.). Es beherbergte in vorreformatorischer Zeit die Chorherren des Augustinerordens, die nebenan in **St. Andrew's Church** predigten. Diese über 800 Jahre alte Pfarrkirche wurde nach dem 2. Weltkrieg – mit Ausnahme des unzerstört gebliebenen Turmes (15. Jh.) – wieder aufgebaut. Von St. Andrew's erstreckt sich durch die moderne Innenstadt von Ost nach West die **Royal Parade** mit dem Rathaus, dem modernen Civic Centre (Verwaltungsgebäude) und dem Theater.

Das umfassend renovierte **City Museum and Art Gallery** liegt am Drake's Circus im Nordosten und zeigt nun in neuen Räumlichkeiten Objekte aus seiner reichen Sammlung zu Themen wie altes Ägypten, Archäologie, Geschichte von Plymouth usw.

Rings um Plymouth gibt es zahlreiche Beispiele englischer Baukunst zu bewundern. Auf der Westseite des Sunds gegenüber der Stadt lockt der **Mount Edgcumbe Park**, ein prächtiger Landschaftspark mit einem restaurierten Gutshaus aus der Tudorzeit. Auf derselben Seite weiter nördlich liegt **Antony House**, ein elegantes Herrenhaus im unverfälschten Queen-Anne-Stil.

Sehen Sie sich im Norden von Plymouth die **Buckland Abbey** an, ein einstiges Zisterzienserkloster mit einem zinnenbewehrten Turm; es ist heute ein Museum.

Ausflüge

Ausflüge von Plymouth führen in das Dartmoor, zur historischen Hafenstadt Dartmouth, zur mauerbewehrten mittelalterlichen Stadt Totnes, zum beliebten Seebad Torquay und zur alten Kathedralenstadt Exeter.

Dartmoor, eine der unberührtesten Landschaften Europas, ist heute ein Nationalpark. Das hügelige Gebiet war schon in der Bronzezeit und womöglich früher bewohnt. Es ist ein ausgesprochenes Wanderland; auf den Hügelkuppen sind Steinkreise, Reste vorgeschichtlicher Siedlungen und *thors* (durch Erosion entstandene Felsformationen) zu sehen. Das Wetter ist launisch, Wanderer sollten darauf gefasst sein. Nur besonders genügsame Tiere leben hier, wie etwa das Dartmoor-Schaf und das Dartmoor-Pony.

DOVER

CANTERBURY • SANDWICH

Auf den weißen Felsen

Für die vom Festland heimkehrenden Briten sind die Kreidefelsen von Dover der Inbegriff von »Heimat«. Das leuchtende Weiß hat schon immer rührselige Barden inspiriert und England sogar seinen poetischen Namen Albion verschafft (vom lateinischen *albus*, kalkweiß).

Die Stadt Dover scheint aus einer Spalte zwischen den Klippen herauszupurzeln; hoch auf dem Steilufer bewacht eine majestätische graue Festung den Zugang zum Ärmelkanal. In den Straßen merkt man die Nähe Frankreichs – Calais ist nur 40 km entfernt. Dover ist zwar Großbritanniens geschäftigster Passagierhafen, aber das Zentrum bleibt ruhig und friedlich. All die Autos, die aus den Fähren am Hafen rollen, wollen nämlich meist woandershin, und viele benutzen jetzt den Kanaltunnel von Calais nach Folkestone.

Die Autobahn nach London führt geradewegs durch die Grafschaft Kent; sie schneidet somit die südöstliche Spitze Großbritanniens ab und lässt die Landschaft in Ruhe in üppigem Grün gedeihen. Dies ist England wie im Bilderbuch: blühende Obstbäume, duftende Hopfengärten, schmucke Dörfer, elegante Schlösser und alte Kirchen. Viele Häuser sind mit leuchtend weiß bemalten Holzlatten verkleidet, und Gruppen von Darren, in denen der Hopfen getrocknet wird, strecken ihre seltsamen Kegeldächer wie Finger gen Himmel.

Die Straße entlang der Küste zeigt ein anderes England, führt sie doch durch einige der bekanntesten viktorianischen Seebäder des Landes: Ramsgate, Broadstairs, Margate und Herne Bay. Erinnerungen an Ferien am Strand tauchen auf, an Sandburgen, Eimer und Schaufeln, Liegestühle… In der frischen Meeresluft liegt ein leichter Geruch von Tang.

Aber die Hauptsehenswürdigkeit von Kent ist Canterbury, die malerische Stadt, die inmitten einer grünen Hügellandschaft am Fluss Stour liegt. Ihre Kathedrale ist ein mittelalterliches Meisterwerk von unglaublicher Harmonie und Eleganz. Thomas Becket wurde 1170 in diesem Gotteshaus ermordet. Schon drei Jahre später war er heilig gesprochen, und nahezu 400 Jahre lang strömten Tausende von Pilgern aus ganz Europa zu seiner Grabstätte.

Auch wer eigentlich unterwegs nach London oder in einen anderen Teil Großbritanniens ist, sollte sich die Zeit nehmen, Kent, den »Garten Englands«, kennenzulernen.

Geschichtlicher Überblick

1.–4. Jh.

Die Römer kommen im Jahre 43 n. Chr. nach Britannien und gründen den Hafen Dubris (Dover). Die Straße von hier nach Londinium führt durch den wichtigen Knotenpunkt Durovernum (Canterbury).

5.–7. Jh.

Die letzten römischen Truppen werden abgezogen. Die keltische Bevölkerung wird von den germanischen Angeln, Sachsen und Jüten in die westlichen Randgebiete (Cornwall, Wales) abgedrängt. Es bilden sich sieben kleine Reiche heraus. Durovernum wird als Cantwarabyrig (Hochburg der Leute von Kent) 560 die Hauptstadt von Kent. Papst Gregor I. entsendet 596 den Mönch Augustin zur Christianisierung Englands. Augustin bekehrt König Ethelbert von Kent und gründet das Erzbistum Canterbury.

8.–12. Jh.

Egbert, König von Wessex, erringt nach und nach die Oberhoheit über die anderen angelsächsischen Reiche. Wilhelm der Eroberer errichtet Ende des 11. Jh. in Dover eine Burganlage. Nach einer Auseinandersetzung mit Heinrich II. über die Rechte der Kirche wird Erzbischof Thomas Becket 1170 von vier Getreuen des Königs ermordet.

13.–15. Jh.

Dover gehört zusammen mit Hastings, Romney, Hythe und Sandwich zum Städtebund *Cinque Ports* (übersetzt »Fünf Häfen«), der als Gegenleistung für bestimmte Privilegien dem König eine Flotte von 57 voll ausgerüsteten Schiffen zur Verfügung stellt. 1465 erhält Dover das ausschließliche Recht, mit Calais Handel zu treiben.

16.–19. Jh.

Während der Reformation in der Regierungszeit Heinrichs VIII. werden im ganzen Land die Abteien aufgehoben und Thomas Beckets wundertätiger Schrein zerstört. Dover bleibt ein bedeutender Hafen, obwohl die Cinque Ports die meisten ihrer Privilegien verlieren. Während der Napoleonischen Kriege spielt Dover eine wichtige Rolle.

20.–21. Jh.

Im 1. Weltkrieg ist Dover Hauptquartier einer Flotteneinheit, die den Ärmelkanal für die Schifffahrt offen hält. Deutsche Bombenangriffe im 2. Weltkrieg richten in Dover und Canterbury schwere Schäden an. Die Städte werden wieder aufgebaut. Der Hafen von Dover gehört zu den größten Passagierhäfen Europas – mit der Eröffnung des Eurotunnels 1994 und dem Ende der Hovercraft-Verbindung nach Calais 2000 verliert er jedoch an Bedeutung.

Sehenswürdigkeiten

Der Fährhafen von Dover ist eine moderne, hoch mechanisierte Anlage, die den täglichen Strom von Autos und Passagieren über den Ärmelkanal gewährleistet. Die Stadt ist vom Verkehrsfluss nur wenig berührt, da er über eine Umgehungsstraße geleitet wird.

Im **Dover Discovery Centre** am Marktplatz sind das Dover Museum, die Dover Library, aber auch ein Café, ein Kino und ein Theatersaal untergebracht. Im Museum werden die neusten technischen Errungenschaften eingesetzt, um die bewegte Geschichte der Stadt zum Leben zu erwecken, von den Römern und Angelsachsen bis zum 2. Weltkrieg. Ein Höhepunkt der Ausstellung sind die restaurierten Teile eines über 3500 Jahre alten Bootes.

In der New Street sollten Sie sich das **Painted Roman House** anschauen. Hier findet man die ältesten und besterhaltenen Wandmalereien Großbritanniens, und außerdem sieht man das komplizierte Heizungssystem, das die Römer unter dem Fußboden des Hauses anlegten.

Biegen Sie oben an der Biggin Street in die Priory Street ein, wo die **St. Edmund's Chapel** aus dem 13. Jh. steht. Nach der Reformation wurde die winzige Kapelle als Scheune, Wohnhaus und Schmiede benutzt, bevor man sie 1968 restaurierte und neu weihte. Sie ist wohl die kleinste englische Kirche, in der regelmäßig Gottesdienste stattfinden.

An der Ecke von Biggin und Ladywell Street steht die ursprünglich aus dem Jahr 1203 stammende **Maison Dieu**. Der eindrucksvolle Bau, der nun zum Rathaus gehört, diente gut 300 Jahre lang als Pilgerherberge. Die Glasmalereien der Fenster stellen Ereignisse aus Dovers Geschichte dar, und zu sehen sind auch Bildnisse der Gouverneure der Cinque Ports und eine Waffensammlung. Die schöne getäfelte Decke ist restauriert worden.

In der Snargate Street befindet sich der Eingang zum **Grand Shaft** (Großer Schacht), einer dreifachen Treppe, die man 1809 in den Fels gebohrt hat, um die schusssicheren Räume der Western Heights, einer napoleonischen Festungsanlage, mit der Stadt und dem Hafen zu verbinden.

Mit dem Bau von **Dover Castle** hoch oben auf der östlichen Klippe wurde gegen Ende des 12. Jh. unter Heinrich II. begonnen. Seine doppelten Ringmauern umschließen einen viereckigen Wohnturm. Schon seit der Eisenzeit gab es hier oben

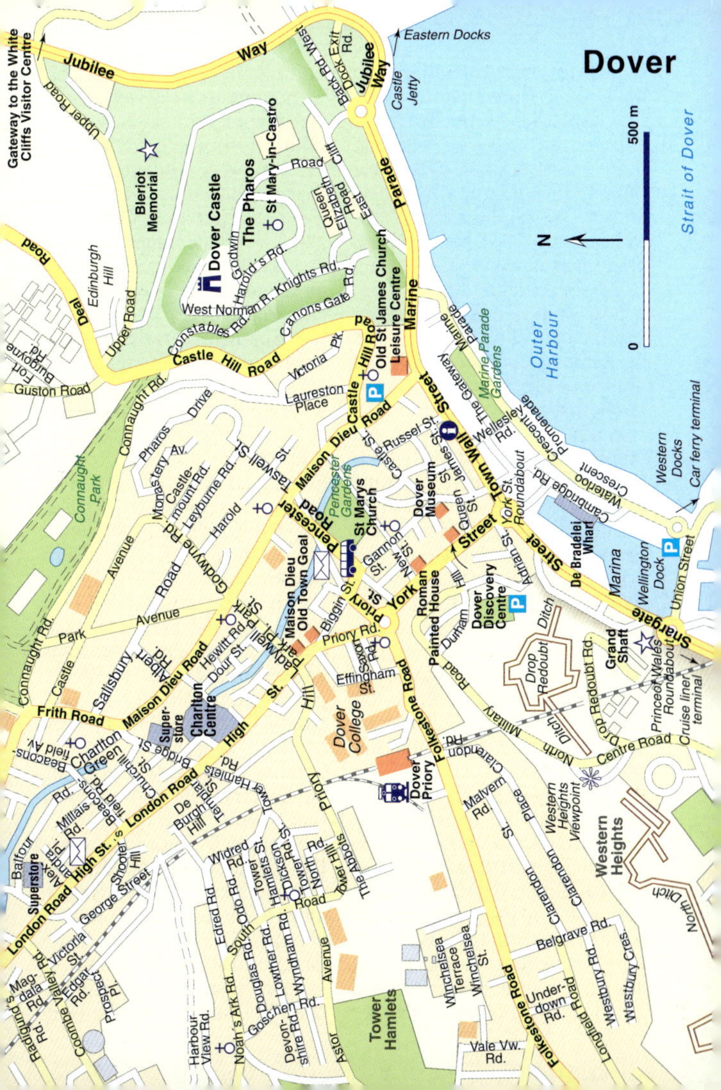

Dover
500 m
0
N
Strait of Dover
Outer Harbour
Eastern Docks
Castle Jetty
Western Docks
Car ferry terminal
Cruise liner terminal
Gateway to the White Cliffs Visitor Centre
Jubilee Way
Upper Road
Bleriot Memorial
Dover Castle
The Pharos
St Mary-in-Castro
Godwin Rd.
Harold's Rd.
Knights Rd.
Canons Gate Rd.
West Norman Rd.
Constables Rd.
Queen Elizabeth Road
East Cliff
Back Rd. West
Dock Exit Rd.
Marine Parade
Castle Hill Road
Deal Road
Edinburgh Hill
Fort Burgoyne Rd.
Guston Road
Victoria Pk.
Laureston Place
Old St James Church
Leisure Centre
Marine Parade Gardens
The Gateway
Wellesley Rd.
Crescent Promenade
Waterloo Crescent
Cambridge Rd.
De Bradelei Wharf
Marina
Wellington Dock
Union Street
Snargate Street
Connaught Rd.
Connaught Park
Pharos Drive
Monastery Av.
Castlemount Rd.
Leyburne Rd.
Harold St.
Taswell St.
Maison Dieu Road
Pencester Road
Pencester Gardens
St Marys Church
Castle St.
Russel St.
James St.
Dover Museum
Queen St.
Town Wall Street
York St. Roundabout
Godwyne Rd.
Park Avenue
Castle Avenue
Salisbury Rd.
Albert Rd.
Hewitt Rd.
Dour St.
Ladywell
Park St.
Maison Dieu
Old Town Goal
Biggin St.
Gannon St.
New St.
Priory St.
York Street
Adrian St.
Roman Painted House
Dover Discovery Centre
Durham Hill
Drop Redoubt
Ditch
Grand Shaft
Prince of Wales Roundabout
Frith Road
Charlton Centre
Superstore
Charlton Green
Beaconsfield Av.
Beaconsfield Rd.
Bridge St.
Churchill St.
High Street
Priory Rd.
Effingham St.
Saxon Rd.
Priory Hill
Dover College
Folkestone Road
Military Road
Drop Redoubt Rd.
North Military Rd.
Centre Road
Clarendon Rd.
Dover Priory
Tower Hamlets Rd.
London Road
Millais Rd.
De Burgh Hill
Templar St.
Malvern Rd.
Clarendon St.
Clarendon Place
Western Heights Viewpoint
Western Heights
North Ditch
Balfour Rd.
Alexandra Rd.
Shooter's Hill
George Street
Wilfred Rd.
Tower St.
Hamlets Rd.
Dickson Rd.
Tower Hamlets St.
North Rd.
Tower Hill
The Abbots
Edred Rd.
South Odo Rd.
Douglas Rd.
Lowther Rd.
Wyndham Rd.
Avenue Rd.
Winchelsea Terrace
Winchelsea St.
Belgrave Rd.
Longfield Road
Westbury Rd.
Westbury Cres.
Radigund's Rd.
Magdala Rd.
Coombe Valley Rd.
Victoria St.
Edgar Rd.
Prospect Pl.
Harbour View Rd.
Noah's Ark Rd.
Goschen Rd.
Devonshire Rd.
Astor Avenue
Tower Hamlets
Underdown Rd.
Vale Vw. Rd.

eine befestigte Anlage, und in die heutige Burg sind römische und angelsächsische Überreste einbezogen worden. Während der Napoleonischen Kriege hat man die Festung den Erfordernissen der damaligen Waffentechnik angepasst. Im Bergfried erhält man eine gute Einführung in die Geschichte der Festung; neben Trophäen und Kanonen wird auch über die Cinque Ports berichtet. Bei klarer Sicht ist von den Mauern aus die französische Küste zu erkennen.

Auch tief unter den Felsen von Dover Castle ist Interessantes zu sehen: die Secret Wartime Tunnels, ein in den weichen Kalk gegrabenes Labyrinth von Stollen, das es der Besatzung ermöglichte, vom Feind unbemerkt von einem Teil der Anlage in einen anderen zu gelangen. Dieses Tunnelsystem aus dem 13. Jh. wurde in den Napoleonischen Kriegen erweitert und im 2. Weltkrieg während der Schlacht um England wieder benutzt.

Einen starken Gegensatz zu den glatten, eckigen Mauern von Dover Castle bildet der **römische Leuchtturm** *(Pharos)*. Die bröcklige Ruine innerhalb der äußeren Ringmauern, das wohl älteste erhaltene Bauwerk Großbritanniens (1. Jh.), scheint allen Restaurierungsversuchen zu widerstehen. Der achteckige Turm hatte acht sich nach oben verjüngende Stockwerke, von denen noch fünf existieren (nur die untersten vier sind römisch). Einst muss er wie ein Fernrohr ausgesehen haben. Im Notfall wurde zuoberst ein Feuer entzündet; auf der anderen Seite des Ärmelkanals stand ein zweiter Leuchtturm bei Boulogne. Der Pharos wurde später der Glockenturm von **St. Mary in Castro**, der auf das frühe 11. Jh. zurückgehenden sächsischen Kirche (im 19. Jh. restauriert).

Ausflüge

Eduard der Bekenner förderte in seiner Regierungszeit (1042–66) den Zusammenschluss der fünf Städte Dover, Hythe, Romney, Hastings und Sandwich zu einem mächtigen Handels- und Verteidigungsbund, bekannt als Cinque Ports. Die Hafenstädte kamen in die Gunst von Steuer- und Handelsprivilegien, dafür hatten sie dem König mehrere Dutzend komplett ausgerüsteter Schiffe zur ständigen Verfügung zu stellen – hier liegen die Anfänge der Royal Navy.

Sandwich nördlich von Dover ist ein malerisches kleines Städtchen, romantisch an einer Schleife des Stour River gelegen. Der ehemalige Hafen ist schon seit Jahrhunderten versandet, aber die mittelalterlichen Befestigungsanlagen sind noch erhalten. In keiner anderen Straße ganz Englands soll es so viele Fachwerkhäuser geben wie in der Strand Street von Sandwich. Sehenswert sind auch das Barbican Gate am Kai, ein altes Stadttor aus dem 16. Jh., wo noch bis 1975 eine Maut verlangt wurde, die Guildhall aus elisabethanischer Zeit, die jetzt das Tourismusbüro beherbergt, sowie das Weaver's House, in dem früher flämische und hugenottische Weber ihr Handwerk ausübten.

Die kleine Hafenstadt **Deal** liegt südlich von Sandwich und ist bei Freizeitfischern beliebt, die ihre Angeln vom Ende des Piers auswerfen. In der Middle Street finden Sie zahlreiche alte Häuschen und Gaststätten, einst Schmugglerkneipen. Als Sehenswürdigkeiten gelten die beiden Burgen Deal Castle und Walmer Castle (die offizielle Residenz des Lord Warden of the Cinque Ports). Dank eines schönen Kiesstrands ist Deal auch ein gern besuchtes Seebad.

Die Straße A2 führt von Dover direkt ins 25 km entfernte **Canterbury** und durchquert einen der schönsten Landstriche Englands.

Schon zur Zeit der Römer war das heutige Canterbury unter dem Namen *Durovernum Canticorum* eine wichtige Siedlung. Seit 1300 ist sie das Zentrum des anglikanischen Glaubens. Waren im Mittelalter vor allem Wallfahrer – wie in Geoffrey Chaucers *Canterbury Tales* (14. Jh.) – von der Stadt angezogen, wird sie heute von zahlreichen Touristen aufgesucht.

Der historische Kern wurde im 2. Weltkrieg durch Luftangriffe zerstört. Dennoch sind viele mittelalterliche Fachwerkhäuser und historische Pubs erhalten geblieben, und die Altstadt wurde hervorragend restauriert.

Den Haupteingang zur **Christ Church Cathedral** bildet ein reich verziertes spätgotisches Tor (1517), zugleich der Rahmen für die beste Gesamtansicht der Kathedrale, die neben der Westminster Abbey zu den schönsten kirchlichen Bauwerken Englands zählt. Wie durch ein Wunder blieb sie während des 2. Weltkriegs unversehrt. Der alles überragende Hauptturm, zwischen 1490 und 1503 errichtet, ist ein großartiges Beispiel des sogenannten Perpendikularstils. Die Kathedrale entstand in mehreren Bauphasen; der älteste Teil ist die normannische **Krypta**, die größte Englands, die hauptsächlich wegen ihrer verzierten Kapitelle sehenswert ist.

Das erhabene **Langhaus** (um 1380) ist ein Werk des größten englischen Baumeisters jener Zeit, Henry Yevele. Beim Entwurf des ungewöhnlich langen **Chors** nahm der Normanne Guillaume de Sens 1175 die Kathedrale von Sens in Frankreich zum Vorbild. Eine Gedenkplatte im nördlichen Querschiff der Kathedrale kennzeichnet das **Martyrdom**, die Stelle, an der Thomas Becket erschlagen wurde. Szenen aus dem Leben und die Ermordung des Heiligen sind in einem der wunderbaren Fenster dargestellt. Vom Chor führen die Pilgerstufen zur **Trinity Chapel** (Dreifaltigkeitskapelle), wo bis zur Reformation Beckets wundertätiger Schrein stand. Heinrich VIII. ließ 1538 die sterbliche Überreste des Heiligen verbrennen, den Schrein zerstören und den Kirchenschatz einziehen. Zwischen den südlichen Pfeilern der Kapelle sehen Sie das Grabmal des Schwarzen Prinzen (1376), des Helden der Schlachten von Crécy und Poitiers im Hundertjährigen Krieg mit Frankreich.

Erklimmen Sie die 287 Stufen des Mittelturms, **Bell Harry Tower**; von hier aus haben Sie einen herrlichen Blick.

In unmittelbarer Nähe der Kathedrale liegen die Ruinen der vom hl. Augustin gegründeten Benediktinerabtei und die berühmte **King's School**. Die ursprüngliche Stiftsschule erlitt während der Reformation das gleiche Schicksal wie alle anderen Klöster, wurde aber 1541 wieder eröffnet.

In der Longport Street steht die älteste Kirche Englands, **St. Martin's**, die auf die römische Zeit des 3. Jh. zurückgeht. Noch bevor der Mönch Augustin nach Canterbury kam, besuchte hier König Ethelberts fränkische Gattin Bertha den Gottesdienst. Ein Umbau im 13. Jh. veränderte zwar die Kirche, doch sind Teile der Mauern noch römisch. Seltsame kleine Gucklöcher ermöglichten es den Aussätzigen, der Messe beizuwohnen.

Fährt man von Canterbury Richtung Westen, gelangt man etwa 10 km vor Maidstone zum prächtigen **Leeds Castle**. Dieses restaurierte Schloss steht auf zwei Inseln inmitten eines Sees, den ein weiter Landschaftspark umgibt. Eduard I. ließ die ursprünglich normannische Burg befestigen; Heinrich VIII. baute sie zur prunkvollen Residenz aus. Das Innere ist mit Möbeln, Gobelins und Gemälden aus dem 14.–19. Jh. reich ausgestattet. Im Torhaus gibt es ein Museum für Hundehalsbänder zu besichtigen. Die 200 ha großen Gartenanlagen umfassen eine Grotte, ein Labyrinth und mehrere Volièren. Von Frühling bis Herbst finden hier historische Ritterspiele, Festivals und Konzerte statt.

KANALINSELN

Sonnenverwöhnte Inseln

Die Natur hat es gut gemeint mit den Kanalinseln. Wärmer und sonniger als das britische Mutterland, von einer erfrischenden Meeresbrise umweht, besitzen sie reizvolle Küsten, wo wilde Kliffe mit herrlichen Stränden abwechseln und sich immer eine Bucht finden lässt, die vor Wind und Wellen geschützt ist.

Selbst jemand, der die Inselgruppe im Ärmelkanal noch nie besucht hat, wird schon gehört haben von ihren Blumen oder Frühkartoffeln, von der sahnigen Milch der Guernsey- und Jersey-Kühe oder der feinen Wolle ihrer Schafe.

Vieles ist hier ungewöhnlich: Frankreich liegt nur 14 km entfernt, England dagegen jenseits des Horizonts. Doch das Leben ist so britisch wie Kricket und warmes Bier. Die Bewohner fühlen sich zwar der englischen Krone, nicht aber dem britischen Parlament verpflichtet; nur die Außen- und Verteidigungspolitik wird in London bestimmt. Der Archipel ist kein Teil des Vereinigten Königreichs und gehört auch nicht der EU an.

Sogar untereinander sind die fünf Inseln auf Eigenständigkeit bedacht, und jede hat ihren Stolz. Jersey und Guernsey werden von unabhängigen Parlamenten regiert, und obwohl das *Bailiwick* genannte Verwaltungsgebiet Guernsey auch Alderney, Sark und Herm einschließt, genießen selbst diese kleinsten Eilande große politische Autonomie.

Ebenso freundlich wie das Klima ist das Steuersystem der Kanalinseln. Man kennt keine Mehrwert- oder Kapitalertrags- und nur eine geringe Einkommenssteuer. Reiche und Prominente leben hier; viele Finanzinstitute betreiben Filialen, um Gelder steuergünstiger zu verwalten – völlig legal.

Für Besucher warten die Eilande mit vielen weiteren Attraktionen auf. Zu sehen sind beispielsweise zahlreiche Überreste der wechselhaften Geschichte, von steinzeitlichen Gräbern über mittelalterliche Burgen bis zu Verteidigungsanlagen aus dem 2. Weltkrieg. Zudem kann man Kunsthandwerkszentren, Blumen- und Lavendelplantagen, Zuchtbetriebe für Schmetterlinge, seltene Vögel und exotische Fische oder Jerseys berühmten Zoo besichtigen. Immer lohnenswert sind Ausflüge mit der Fähre von einer Insel zur anderen, und Frankreich – etwa der Mont-Saint-Michel – liegt direkt vor der Haustür.

Geschichtlicher Überblick

100 000 v. Chr.
Höhlenbewohner siedeln sich auf Jersey an, das noch als Halbinsel mit der Normandie verbunden ist.

4000 v. Chr.
Steinzeitmenschen errichten ein Heiligtum – eines der ältesten Europas – auf Guernsey und andere Megalithbauten an Stätten im ganzen Archipel.

6. Jh. n. Chr.
Die Kanalinseln werden christianisiert. Jerseys hl. Helibert (Helier) stirbt 555 den Märtyrertod.

9.–11. Jh.
Normannen nehmen Nordwestfrankreich ein, und die Inseln fallen an die Herzöge der Normandie. Wilhelm der Eroberer gewinnt 1066 die englische Krone; damit werden die Inselbewohner englische Untertanen. Normannische Rechtsgrundsätze und Dialekte bestehen noch heute.

13.–15. Jh.
Zwei Jahrhunderte lang versucht Frankreich, die Inseln wieder in Besitz zu nehmen. Eine päpstliche Bulle von 1483 erklärt die Inseln zu neutralem Gebiet und untersagt die Errichtung von Militärstützpunkten.

16.–17. Jh.
Der Seigneur of Sark erhält die Inseln als direktes Lehen von Elizabeth I. Während des englischen Bürgerkriegs bleibt Jersey königstreu, während Guernsey zu Cromwell hält; Castle Cornet in St. Peter Port ergibt sich erst nach achtjähriger Belagerung. Der Nachkriegswohlstand beruht auf Landwirtschaft, Handel, Schmuggel und Freibeuterei.

18.–19. Jh.
Gegen eine erneute französische Bedrohung werden an den Küsten Wehrtürme erbaut. Nach einer verlorenen Schlacht in St. Helier 1781 gibt Frankreich seine Angriffe endgültig auf. Das Viktorianische Zeitalter leitet den wirtschaftlichen Aufschwung der Inseln ein. Dampfschiffe befördern Frühkartoffeln von Jersey und Tomaten von Guernsey zu englischen Märkten.

20.–21. Jh.
Englisch löst Französisch als Amtssprache ab. Im 2. Weltkrieg besetzen deutsche Truppen die unverteidigten Kanalinseln – Tausende von Einwohnern sind zuvor nach Großbritannien gebracht worden –, wo sie Hitlers Atlantikwall ausbauen. Nach der Befreiung erholen sich die Inseln rasch von den Jahren der Entbehrung; Landwirtschaft, Finanzgeschäft und Tourismus tragen zum Wohlstand bei.

Jersey

Die größte Kanalinsel neigt sich sanft von Norden nach Süden, was ihr lange Sonnentage beschert. Zum milden Klima tragen auch der Golfstrom und die Südwestwinde bei. Auf einer Fläche von 116 km^2 besitzt Jersey eine große landschaftliche Vielfalt. Das Inselinnere ist ein Irrgarten schmaler Straßen, gesäumt von Wildblumenhecken und hohen Granitwällen. Dahinter erspäht man stattliche, alte Landsitze und üppige Weiden, auf denen die kleinen Jersey-Kühe grasen. Die Küste wartet mit zerklüfteten Felsklippen und 32 km hervorragenden, wenig besuchten Stränden auf.

Sehenswürdigkeiten

Die Inselhauptstadt **St. Helier** zeigt sich bei Flut, wenn das Meer den felsigen Grund bedeckt, von ihrer schönsten Seite. Der Hafen wird seit dem Ende des 16. Jh. vom **Elizabeth Castle** bewacht, das bei Ebbe nur wenige Gehminuten vom Ufer entfernt liegt. Königin Elizabeth I. ließ das Fort nach den neuesten Erkenntnissen der Festungsarchitektur erbauen; und zur Zeit des englischen Bürgerkriegs fanden hier die späteren Könige Karl II. und Jakob II. Zuflucht. Im 2. Weltkrieg erweiterten die Deutschen die Anlage um gut getarnte Bunker und Artilleriestellungen.

Ein Wellenbrecher verbindet die Burg mit **Hermitage Rock**, wo Helier, Jerseys Schutzheiliger, lebte und 555 von Piraten ermordet wurde. Um sein Bett aus Stein wurde im 12. Jh. eine Kapelle errichtet.

Über dem Hafen ragt **Fort Regent** aus dem 19. Jh. auf. Heute ist darin ein Sport-, Konferenz- und Freizeitzentrum untergebracht. Unter einem weit gespannten Glasdach gibt es ein Hallenbad, eine Rollschuhbahn, einen Konzertsaal, Cafés usw.

Das **Jersey Museum** an der Pier Road wurde in einem stattlichen Lagerhaus des 18. Jh. eingerichtet. Die Ausstellungen befassen sich mit der Inselgeschichte von der Steinzeit bis heute. Die Kunstgalerie im 1. Stock besitzt alte und zeitgenössische Werke, darunter das von Sir John Millais gemalte Porträt der Schauspielerin Lillie Langtry, die mit ihrem skandalösen Leben das England Edwards VII. schockierte.

St. Heliers **Parish Church**, die Pfarrkirche aus dem 14. Jh., hat im Laufe der Zeit nicht nur als Gotteshaus gedient, sondern auch als Versammlungsort, Waren- und Waffenlager und Zufluchtstätte für Kriminelle.

Der **Royal Square** östlich davon blickt ebenfalls auf eine be-

JERSEY
N
Strände
Felsen und Kliffe
0
1 km
Grosnez Point
Plémont Bay
Grosnez Castle
Sorel Point
Ronez Point
St John´s Bay
Bonne Nuit Bay
Giffard Bay
Belle Hougue Point
Petit Port
Vicard Point
Bouley Bay
Tour de Rozel
Rozel
Rozel Bay
Fliquet Bay
St Catherine´s Bay
Archirondel
Geoffrey´s Leap
Anne Port
Mont Orgueil Castle
Gorey
Royal Bay of Grouville
La Rocque Point
St Clement´s Bay
Grève d´Azette Bay
Grève de Lecq
Rouge Nez
Crabbé
Les Reuses
Devil´s Hole
La Mare Vineyards
North Coast Visitor Centre
St John´s Church
St George´s Church
Ville Bagot
Slip Tower
L'Etacq Woodcrafts
Battle of Flowers Museum
ST MARY
Butterfly Centre
ST JOHN
Trinity Church
Porteret
St Mary´s Church
Carrefour Selous
ST OUEN
ST PETER
Hamptonne
TRINITY
Jersey Zoo
ST MARTIN
Information Centre
The Living Legend
Ville au Veslet
Island Centre Stone
St Martin´s Church
Val de la Mare Reservoir
St Peter´s Valley
ST LAWRENCE
Victoria Village
St Ouen´s Pond
St Peter´s Bunker
Jersey Motor Museum
German Underground Hospital
Reservoir
Mautant
St Ouen´s Bay
The White Menhir
Airport
ST HELIER
La Hougue Bie
Quétivel Mill
Millbrook Ch.
Five Oaks
ST BRELADE
Jersey Lavender Farm
St Matthew´s Church
ST SAVIOUR
GROUVILLE
La Moye Golf Course
St Aubin
St Aubin´s Bay
ST HELIER
Grouville Church
Corbière Lighthouse
La Pulente
St Brelade´s Church
Shell Garden
St Aubin´s Fort
Fort Regent
La Moye
St Brelade's Bay
Belcroute Bay
Elizabeth Castle
St Helier Harbour
Samarès Manor
ST CLEMENT
La Moye Point
Piquet Bay
Beauport
Portelet
Hermitage
Ouaisné Bay
Portelet Bay
Île Percée
Noirmont Point

wegte Geschichte zurück. Gefangene wurden hier öffentlich ausgepeitscht und an den Pranger gestellt, Hexen verbrannt. Da, wo heute Kastanienbäume Schatten spenden, verlor 1781 eine französische Invasionstruppe ihre letzte Schlacht um die Herrschaft über die Inseln. Das goldglänzende Standbild Georges II., als römischer Kaiser gekleidet, wurde zum Dank für eine königliche Spende aufgestellt. Schmucke Gebäude umgeben den Platz, unter ihnen das Gericht, Jerseys Parlament und die ehemalige Staatsbibliothek.

Ein öffentliches Gebäude, das sich nicht über mangelnden Zulauf beklagen kann, ist das moderne **Main Post Office** in der Broad Street; seit Jersey 1969 seinen unabhängigen Postdienst einweihte, ist es für Philatelisten stets eine Freude, sich hier mit Briefmarken einzudecken.

Dichter im Exil

Der französische Dichter Victor Hugo, der seiner linksgerichteten Ideen wegen nach der Gründung des Zweiten Kaiserreichs aus Frankreich fliehen musste, lebte 1855–1870 auf Guernsey im Exil. Sein Haus im hügeligen Süden von St. Peter Port (in der Straße Hauteville 38) heißt heute Hauteville House oder Maison Victor Hugo und gehört der Stadt Paris. Die Inneneinrichtung entwarf der Schriftsteller selbst, und sein Monogramm VH findet sich auf Kaminen, Fensterläden, Treppen und Stoffen. Im obersten Stockwerk – rundherum verglast und deshalb mit einmaligem Blick auf Hafen und Meer – schrieb er jeden Morgen 20 Seiten an *Les Misérables* (»Die Elenden«) und später *Les Travailleurs de la Mer* (»Die Arbeiter des Meeres«), das er der Insel und ihren Bewohnern widmete. Seine Geliebte, Juliette Drouet, die ihm 50 Jahre lang überallhin folgte, wohnte ein paar Häuser entfernt in Nr. 20. Sie schickte ihm zweimal täglich einen Brief und war ansonsten mit der Abschrift seiner Manuskripte beschäftigt.

Rund um die Insel

Jersey ist in zwölf Gemeinden aufgeteilt, alle haben Zugang zum Meer. **Dolmen** und **Menhire** aus vorgeschichtlicher Zeit besichtigt man in St. Saviour, Grouville und St. Clement. Das von einem angelegten Hügel bedeckte **La Hogue Bie** in Grouville gilt als eines der schönsten jungsteinzeitlichen Ganggräber Europas. Oberhalb des Hafenortes **Gorey** thront **Mont Orgueil**, Jerseys älteste Burg. Hauptanziehungspunkt im Bezirk Trinity ist der 1959 vom Schriftsteller Gerald Durrell gegründete ungewöhnliche **Jersey Zoo**.

Die Nordküste besteht aus wilden, blumenbewachsenen Klippen, die man auf Wanderwegen entdeckt; hier und da schützen Granitwände eine stille Bucht. Ein Naturwunder ist das **Devil's Hole** in der Gemeinde St. Mary: Beim Einlaufen der Flut schießt das Meer durch das riesige »Teufelsloch« bis zu den Besuchern herauf. Am **Grosnez Point**, der äußersten Nordwestspitze der Insel, fasziniert Jersey den Besucher mit einer Steilküste und herrlichen Ausblicken auf Sark und Guernsey.

Über 6 km säumen Brandung und Sand die Westküste entlang der **St. Ouen's Bay**. Das Baden ist hier aber nur guten Schwimmern empfohlen. Am Leuchtturm oben auf dem **Corbière Point**, Jerseys südwestlicher Spitze, endet der Strand. Besser geeignet für Wassersport sind die **St. Brelade's Bay** und die **Portelet Bay** an der Südküste.

Nicht weit von Jerseys Flughafen St. Peter entfernt liegt das **German Underground Hospital**. Das unterirdische Lazarett ist die größte Militäranlage des 2. Weltkriegs auf den Kanalinseln. Zwangsarbeiter mussten das Netz aus Tunnels unter schwersten Bedingungen aus dem Fels hauen. Lohnende Besuchsziele sind auch die **Strawberry Farm**, auf der Erdbeeren angebaut werden, das **Jersey Motor Museum** mit seiner Oldtimer-Sammlung, außerdem das **Battle of Flowers Museum** und das **Jersey Butterfly Centre** mit Tausenden bunter Schmetterlinge. Die **St. Matthew's Church** (19. Jh.) in Millbrook ist als Glaskirche berühmt. Mit dem Entwurf der Fenster und der Innenausstattung wurde 1934 der französische Art-déco-Künstler René Lalique betraut.

Guernsey

Guernsey, die westlichste Kanalinsel, hat sich ihre natürliche Schönheit sorgfältig bewahrt; die zerklüftete Küste mit sandigen Stränden und kleinen Buchten blieb fast unberührt. Zum abwechslungsreichen Inselbild gehören auch trutzige Türme und mediterrane Gärten, versteckte Täler, stattliche Millionärsvillen und viele Herden goldener Guernsey-Rinder.

Die Insel ist seit je ein Hort der Hexerei und des Aberglaubens. Manche Häuser haben noch sogenannte Hexensitze – Kaminvorsprünge in Form großer, flacher Steine –, auf denen sich die Hexen ausruhen konnten. Heute machen allerdings mehr die Landschaft, das milde Klima und die behagliche Ruhe den Zauber Guernseys aus.

Lebendig ist nach wie vor das normannisch-französische Erbe, sei es in vielen Ortsnamen oder auch im Brauch *Clameur de Haro*, bei dem sich jeder, der Grund zur Klage hat, in Anwesenheit von zwei Zeugen öffentlich Gehör verschaffen kann.

Sehenswertes

Ein mediterraner Hauch erfüllt **St. Peter Port**, die Hauptstadt des Selbstverwaltungsgebiets *(bailiwick)* Guernsey. Vom Hafen mit seinen Jachten, Fähren und Fischerbooten zieht sich die Stadt mit ihren grauen, beigen und weißen Häusern stufenförmig einen Hügel hinauf.

Den Hafen beherrscht die **Town Church** (12. Jh.) aus grauem Granit, die oft als »Kathedrale der Inseln« bezeichnet wird. Draußen im Wasser liegt, heute durch einen Pier mit dem Festland verbunden, das **Castle Cornet** auf einer kleinen Felsinsel. Die seit dem 13. Jh. immer wieder um- und ausgebaute Burg war dreimal von den Franzosen besetzt. Während des englischen Bürgerkriegs wurde hier der königstreue Vizegouverneur von Cromwell-Anhängern acht Jahre lang belagert. Im 2. Weltkrieg hielten die Deutschen die Festung, heute sind darin verschiedene Museen eingerichtet.

High Street, die Hauptgeschäftsstraße von St. Peter Port, beginnt auf der Höhe der Town Church. Gleich dahinter stehen die Markthallen, wo Gemüse, Fleisch und Fisch angeboten werden. Die Märkte für Molkereierzeugnisse und Blumen befinden sich in den **French Halls**, einer 1870 erbauten Kolonnade. Auf dem **Guernsey Traditional Market** im Freien gibt es hausgemachtes Backwerk und schöne Handarbeiten zu kaufen. Für die neusten Guernsey-Briefmarken begibt man sich ins **General Post Office** in der Smith Street.

Durch die Straßen der Altstadt hinauf erreichen Sie ein Gebäude, auf dem noch heute die französische Trikolore flattert. Im **Hauteville House** lebte 1855–70 der vor Napoleon III. geflohene Victor Hugo, der hier außer *Die Elenden* auch das

GUERNSEY
0
1 km
N
Strände
Felsen und Kliffe
La Varde
L'Ancresse Bay
Marchant
Beaucette Marina
L'Ancresse Common
Ladies Bay
Les Fouaillages
Koi Farm
Le Déhus
Grand Havre
Picquerel Point
Baie de Port Grat
VALE
Bordeaux Harbour
Portinfer Bay
Port Soif
Vale Castle
Grandes Rocques
Saline Bay
Oatlands Craft Centre
St Sampson´s Harbour
VALE
ST SAMPSON´S
Cobo Bay
Fort Hommet
Saumarez Park
Château des Marais
Belle Grève Bay
Fort le Crocq
Vazon Bay
Guernsey Folk Museum
Le Friquet Butterfly Centre
Lihou Island
Fort Richmond
Perelle Bay
Fort Saumarez
St Apolline Church
Perelle
CASTEL
ST PETER PORT
Causeway at low tide
Tomato Centre
St Peter Port
Creux ès Faies
Les Rouvets Tropical Gardens
La Valette Military Museum
Castle Cornet
Reservoir
Havelet Bay
ST ANDREW´S
Maison Victor Hugo
Rocquaine Bay
Aquarium
ST SAVIOUR´S
Les Terres Point
Little Chapel
Soldiers Bay
Fort Pezeries
ST PETER IN THE WOOD
Strawberry Farm
La Gran´mère du Chimquière
Fort Grey Maritime Museum
German Underground Hospital
Fermain Point
Sausmarez Manor
Pleinmont Point
Silbe Nature Reserve
Airport
Fermain Bay
ST MARTIN´S
Marble Bay
German Occupation Museum
Moulin Huet
TORTEVAL
Gull Rock
Petit Port
St Martin´s Point
La Corbière
FOREST
Petit Bôt Bay
Moulin Huet Bay
La Moye Point
Icart Point
Jerbourg Point

Werk *Die Arbeiter des Meeres* verfasste, das er dem Volk von Guernsey widmete. Das Haus ist im Innern genauso erhalten, wie es der Dichter und seine Familie hinterlassen haben.

Verwaltet wird Guernsey vom **Royal Court House** in der Smith Street aus, wo das Parlament einmal im Monat tagt. Im Archiv sind die königlichen Urkunden über die besonderen Beziehungen der Insel zur Krone von England zu besichtigen.

Einen wundervollen Blick auf Stadt und Meer bieten die **Candie Gardens**. Dieser Park umgibt das **Guernsey Museum and Art Gallery**, das sich Geschichte, Geografie und Natur der Insel zuwendet. Lassen Sie sich die Abteilungen nicht entgehen, die der Archäologie und der Hexerei gewidmet sind. Ebenfalls hoch über dem Hafen liegt das **Beau Séjour Leisure Centre**, ein Freizeitzentrum.

Inseltour

An der Südküste ziehen sich 16 km lang Klippen, Landvorsprünge und geschützte **Strände** hin, wie etwa Petit Port, Moulin Huet, Petit Bôt und Portelet.

Den Sandstrand der **Rocquaine Bay** an der Westküste überragt das **Fort Grey** aus dem Jahre 1804; heute ist es ein Schifffahrtsmuseum. **Fort Saumarez** war einst ein Martello-Turm – ein rundes Küstenfort – bis ihm die Deutschen im 2. Weltkrieg einen vierstöckigen Beobachtungsposten aufsetzten. Archäologiefreunde zieht es zu einem 4000-jährigen Ganggrab in der Nähe, **Le Creux ès Faies** (»Feengrotte«). Bei Ebbe ist über den Damm von der Landzunge L'Érée aus **Lihou Island** mit den Ruinen eines Benediktiner-Priorats zu erreichen.

St. Sampson, die zweitgrößte Stadt Guernseys, liegt nördlich von St. Peter Port und war im 19. Jh. ein Zentrum des Granitabbaus. **Vale Castle** heißt die mittelalterliche Burg auf einem zerfurchten Granithügel nördlich des Ortes.

Am Weg Richtung St. Peter Port glitzern unzählige **Gewächshäuser** in der Sonne. Zur Zeit Königin Victorias reiften dort Trauben für den englischen Markt, und in den 1860er-Jahren pflanzte man zusätzlich Tomaten an. Heute werden in den Treibhäusern statt der »Guernsey Toms« Blumen, vor allem Freesien, gezogen.

Zu den Sehenswürdigkeiten im Inselinnern gehören das **Guernsey Folk Museum** in der Gemeinde Castel mit Werkzeugen und Gerätschaften und die **St. Martin's Church** im gleichnamigen Ort mit Steinmetzarbeiten aus der Zeit vor der Reformation.

Lake District

Isle of Man

LAKE DISTRICT
Kirkbean
Port Carlisle
Blackford
Brampton
Burgh-by-Sand
Hadrian's Wall
Milton
Cardurnock
Moricambe Bay
Kirkbride
Scotby
Castle Carrock
Thurstonfield
Cold Fell 621 m
SOLWAY FIRTH
Silloth
Newton Arlosh
Aikton
CARLISLE
King's Forest of Geltsdale
Eden
Wampool
Cotehill
Newbiggin
Waverton
Wigton
Mawbray
Westward
Southwaite
Armathwaite
Petteril
Welton
M6
Allonby
Aspatria
Mealsgate
Waver
Allonby Bay
Inglewood Forest
Lazonby
Ellen
Ireby
Caldbeck
Glassonby
Bothel
Maryport
Uldale
Hesket Newmarket
Skelton
Plumpton
Bewaldeth
Knott 710 m
Bassenthwaite
Seaton
Derwent
Cockermouth
Mungrisdale
Greystoke
Penrith
Bassenthwaite Lake
Caldew
Saddleback 868 m
Stainton
Thornthwaite Forest
Skiddaw 931 m
Temple Sowerby
Workington
Penruddock
Lowther Wildlife Park
Ullock
High Lorton
Keswick
Threlkeld
Moresby
Ullswater
Lamplugh
Loweswater
Dockray
Helton
Lowther
Derwentwater
Whitehaven
Crummock Water
Thirlspot
Martindale
Bampton
Rosgill
Buttermere
Thirlmere
Cleator Moor
Dale Head
Ennerdale Water
Patterdale
Haweswater Resr.
St. Bees Head
Rosthwaite
Cumbrian Mountains
Shap
Ehen
Copeland Forest
Great Gable 899 m
Lake District
High Street 828 m
Harter Fell 774 m
St. Bees
Calder Bridge
Wasdale Head
National Park
Shap Fells
Irt
Grasmere
Scafell Pikes
Sadgill
Beckermet
Ambleside
Gosforth
Wast Water
902 m
Kentmere
Eskdale Green
Lit. Langdale
Waterhead
Seascale
Furness Fells
Boot
Windermere
Hawkshead
Watchgate
Drigg
Esk
Duddon
Coniston
Muncaster
Coniston Water
Whitfell 572 m
Windermere
Crook
Kendal
Ulpha
Torver
Grizedale Forest
Underbarrow
Selker Bay
Bootle
Broughton -in-Furness
Rusland
Cartmel Fell
Old Hutton
Black Combs
Newby Bridge
Heversham
Crooklands
Sand Side
Millom
Grange-over-Sands
Kirkby Lons
Ulverston
Burton
Askham -in-Furness
Dalton -in-Furness
Flookburgh
Whittington
Silverdale
Isle of Walney
Morecambe Bay
Carnforth
Melling
Barrow-in-Furness
N
0
10 km
Lune
Morecambe
Biggar
Caton
Claughton
Heysham
Lancaster

Sehenswürdigkeiten im Lake District

Kendal nahe der M6 bezeichnet sich als Tor zu den Seen. Im 16. Jh. wurde die Stadt von der Familie Parr beherrscht, aus der Catherine Parr kam, die letzte der sechs Ehefrauen Heinrichs VIII. Die Privatkapelle der Familie befindet sich in der alten Gemeindekirche. Das verfallene Schloss, Kendal Castle, auf der anderen Seite des Kent-Flusses, war einst im Besitz der Parrs.

Im Ort gibt es mehrere **Museen**. Das Kendal Museum zeigt naturgeschichtliche und archäologische Funde aus der Region. In der Abbot Hall Art Gallery (in einem schönen Stadthaus) sind Bilder des Porträtmalers George Romney (1734–1802), und Gemälde von Constable, Turner und Ruskin zu sehen. In den ehemaligen Ställen nebenan zeigt das Museum of Lakeland Life das Bauernleben, Werkstätten und Wohnungen vom 17. bis 19. Jh.

Mit 16 km Länge ist **Windermere** Englands größter See und gleichzeitig wohl der beliebteste der Gegend. Die Eisenbahn fuhr bereits 1847 hierher und ist seitdem kaum weiter in den Lake District vorgedrungen. **Windermere** und **Bowness**, die am östlichen Ufer nahe beieinander liegen, haben sich in der Folge in Ferienorte verwandelt.

Etwas nördlich von Bowness zeigt das Windermere Steamboat Museum Dampfboote aus der Zeit Königin Viktorias und König Edwards. Ihre modernen Nachfolger legen vom Bowness Pier ab. Machen Sie eine Rundfahrt auf dem See, oder steigen Sie in Lakeside aus, um den Ausflug mit einem Dampfzug der Lakeside and Heverthwaite Railway fortzusetzen. Mehr Energie braucht es, den **Orrest Head**, der sich über Windermere erhebt, zu besteigen. Aber die Mühe lohnt sich wegen der Aussicht auf den See.

Viele Besucher machen einen Abstecher nach **Hill Top** am westlichen Ufer bei Near Sawrey. Beatrix Potter (1866–1943) kaufte das hübsche Bauernhaus von dem Honorar für ihre *Peter-Hase*-Bücher, und es spielt in vielen ihrer Geschichten eine Rolle. Sie hinterließ das Anwesen dem National Trust unter der Bedingung, keine Veränderungen daran vorzunehmen.

Nördlich davon liegt **Hawkshead** mit seinen weiß getünchten Steinhäuschen aus dem 17. Jh. und kopfsteingepflasterten Gassen. Die Beatrix Potter Gallery in der Main Street besitzt die Originalillustrationen der Autorin. Noch bekannter ist Hawkshead für seine Verbindung mit dem Dichter Wordsworth, der hier in die Schule ging. Dieses Gebäude aus dem Jahr 1585 ist heute ein kleines Museum.

Die Stadt **Coniston** am nördlichen Ende des gleichnamigen Sees wird vom 801 m hohen Old Man of Coniston bewacht. Die Hügel ringsum sind von den Stollen eines Kupferbergwerks durchzogen, das schon zu römischer Zeit betrieben wurde. Mehr über die Geschichte von Bergbau und Landwirtschaft erfahren Sie im John Ruskin Museum. Eine Abteilung ist dem einflussreichen viktorianischen Schriftsteller und Kunstkritiker John Ruskin selbst gewidmet, der sich 1872 in Coniston niederließ. Brantwood, das Haus, in dem er bis zu seinem Tod im Jahr 1900 lebte, steht außerhalb der Stadt und ist von Coniston leicht zu Fuß erreichbar; noch schöner ist es, mit der dampfbetriebenen Jacht *Gondola* vorzufahren, die 1859 gebaut wurde.

Mitten im südlichen Seenbezirk, 8 km nordwestlich von Lake Windermere, liegt **Ambleside**, dessen Wahrzeichen das schmale Bridge House aus dem 18. Jh. ist. Laut Legende soll das Gebäude von einem sparsamen Schotten über dem Flussbett des Stock Ghyll gebaut worden sein, damit er die Landsteuer nicht bezahlen musste. In Wirklichkeit diente das Brückenhaus wohl als Lager; heute befindet sich darin ein Informationsbüro des National Trust.

Einige Kilometer nördlich gelangen Sie nach **Grasmere**. William Wordsworth verbrachte die letzten 37 Jahre seines Lebens in Rydal Mount, wo sein Studierzimmer unter dem Dach und der von ihm entworfene Park besichtigt werden können. Seine besten Gedichte entstanden jedoch schon früher, im nahe gelegenen Dove Cottage. Hier lebte er 1799–1808 mit seiner Frau und seiner Schwester. Das Häuschen gibt Einblick in den Alltag des Dichters. Das Museum in der alten Scheune gegenüber ist seiner Familie und seinen Freunden gewidmet. Die Wordsworths sind auf dem Friedhof der St.-Oswald-Kirche im Dorf begraben.

Von hier ist es nicht weit bis zum Marktflecken **Keswick**, einem beliebten Ausgangspunkt für Ausflüge in den nördlichen Lake District. Die Stadt am Ufer des Lake Derwent wird vom Mount Skiddaw überragt. Einst war Keswick berühmt für seine Grafitgruben und bahnbrechend bei der Entwicklung des Bleistifts, dessen Geschichte im Cumberland Pencil Museum erzählt wird. Nicht verpassen sollte man das Cars of the Stars Motor Museum mit

Automodellen, die in Fernseh- und Filmproduktionen eine Rolle spielten. Im Keswick Museum and Art Gallery sind Sammlungen mit geologischen Exponaten, Gemälden von Ruskin und Turner zu bewundern.

Nur wenig außerhalb der Stadt befindet sich **Castlerigg Stone Circle**, ein Kreis aus 38 vulkanischen Steinblöcken, die hier schon seit 4000 oder 5000 Jahren stehen und das Geheimnis ihrer Errichtung bis heute nicht preisgegeben haben.

Östlich von Keswick liegt der **Ullswater-See**, der wegen seiner gewundenen Form und der umliegenden großartigen Bergwelt ein beliebtes Ziel ist. Die Wälder bei **Gowbarrow Park** am südöstlichen Ende des Sees sollten Sie zur Frühlingszeit besuchen, wenn die Narzissen blühen. Nicht weit von hier stürzt der **Aira Force** (*force* ist das alte Wikingerwort für Wasserfall) über 20 m in die Tiefe.

Am westlichen Rand des Lake District rühmt sich **Cockermouth** einer letzten Attraktion für Wordsworth-Fans – Wordsworth House, wo der Dichter 1770 zur Welt kam, bewahrt einige Originalgegenstände aus seinen Kinderjahren. Die ehemalige Küche dient heute als Café. Anschließend können Sie beim Rundgang durch die Jennings-Brauerei aus dem Jahr 1828 das örtliche Bier probieren.

Möchten Sie eine völlig andere Landschaft kennenlernen, sollten Sie Richtung Westen an die **Cumbrian Coast** fahren. An dieser Küste, die sich 96 km entlang der kalten Irischen See zieht, gibt es viele alte Handelshäfen, einsame Strände und Wanderwege. Vom Dorf **St. Bees** kann man zu den beeindruckenden Sandsteinklippen am St. Bees Head wandern – ein wahres Paradies für Ornithologen mit den hier nistenden Papageitauchern, Dreizehenmöwen, Troddellummen und Tordalken.

Whitehaven weiter nördlich ist eine der wenigen englischen Städte mit schachbrettartigem Grundriss. Sehenswert sind hier einige georgianische Häuser. Dank seiner guten Lage stieg Whitehaven Mitte des 18. Jh. zum drittgrößten Hafen Englands auf. Obwohl die Stadt auch von Sklavenschiffen angelaufen wurde, kam sie hauptsächlich durch den Kohle-Export zu Reichtum. Um mehr über die Geschichte herauszufinden, sollten Sie The Beacon besuchen, ein ausgezeichnetes Museum am Hafen. In den vergangenen Jahren wurde das Hafenviertel umfassend saniert. Neu ist unter anderem The Rum Story in einem ehemaligen Rumlager.

Isle of Man

Die Vielfalt der Landschaft ist nur einer der vielen Gründe für einen Besuch auf der Isle of Man. Die Insel ist gut überschaubar: Sie misst nur 572 km², etwas mehr als der Bodensee.

Douglas

Zwischen den wichtigsten Ferienorten und der Hauptstadt Douglas gibt es ausgezeichnete Straßenverbindungen. Im Sommer wimmelt es im Hafen von Schiffen. Schlendern Sie die Strandpromenade entlang, und schauen Sie sich die hübschen viktorianischen Häuser am Ufer der Bucht an, oder drehen Sie eine Runde mit der von Pferden gezogenen Straßenbahn. Die farbenprächtigen versunkenen Gärten sind ein guter Platz für eine Verschnaufpause. Und ein Ausflug mit der Dampfeisenbahn in den südlichen Teil der Insel oder mit dem elektrischen Triebwagen nach Ramsey im Norden ist eine angenehme Art, die Landschaft von Man kennenzulernen.

Einmal im Jahr erschüttert das Dröhnen mächtiger Motorräder die sonst so ruhige Insel. Am **Manx Tourist Trophy**, einem Motorradrennen mit Start und Ziel in Douglas, nehmen die besten Rennfahrer der Welt teil. Tausende von Schaulustigen säumen dann die Straßen und bewundern den Mut der Fahrer auf dieser Rennstrecke.

Sehen Sie sich in Douglas auf jeden Fall das **Manx Museum** an. Auf lebendige und originelle Art werden dort die wichtigsten Zeugen aus Geschichte und Kultur der Isle of Man präsentiert. Das Museumsgebäude ist zugleich der Sitz des Parlaments.

Rund um die Insel

Die Küstenstraße von Douglas in nördlicher Richtung nach Ramsey führt über **Laxey**, eine ehemalige Wikingersiedlung und späteres Abbaugebiet für Blei, Zink und Kupfer. Die Hauptattraktion des Dorfes ist **Lady Isabella**, das mit einem Durchmesser von 22 m größte Wasserrad der Welt. Es wurde 1854 konstruiert, um Wasser aus den Minen zu pumpen. Seit dem Zusammenbruch im Bergbau arbeitet die Lady nicht mehr, dafür wurde sie liebevoll restauriert.

Bevor Sie Laxey verlassen, sollten Sie noch mit dem Triebwagen die etwa 6 km lange Strecke nach **Snaefell** fahren, dem mit rund 620 m höchsten Berg der Isle of Man. Vom Gipfel aus sehen Sie bei guter Sicht sechs Königreiche: England, Irland, Schottland, Wales, Man – und das Himmelreich!

Etwa 25 km von Douglas entfernt liegt **Ramsey**, die zweitgrößte Stadt der Insel und dank ruhiger Badestrände und hübscher Spazierwege seit vielen Jahren ein beliebtes Ferienziel für Familien. Wenn Sie sich für die Vergangenheit begeistern, sollten Sie sich das **Grove Museum** ungefähr 2 km nördlich der Stadt ansehen. Dieses Manx-Wohnhaus ist bis ins Detail originalgetreu erhalten und gibt einen faszinierenden Einblick in den Alltag einer bürgerlichen Familie im 19. Jh.

Südlich von Ramsey, in der Gemeinde Maughold, finden sich sehenswerte Steine mit Meißelarbeiten der Kelten und Wikinger. Darunter ist auch das vermutlich an die 500 Jahre alte **Maughold village pillar cross**, ein Steinkreuz, das die älteste bekannte Darstellung des Wappens *Three Legs of Man* trägt.

Das reizvolle **Peel** an der Westküste ist auch als »Stadt des Sonnenuntergangs« bekannt. Der alte Teil des einst blühenden Fischerdörfchens ist seit Jahrhunderten unverändert. Die roten Sandsteinhäuser in den engen, gewundenen Gassen könnten von den Schmugglern, die hier im 18. Jh. schwungvollen Handel betrieben, sicher manche Geschichte erzählen.

Noch mehr beflügeln die mittelalterliche **Burgruine** und die ebenfalls innerhalb der Festungsmauern stehende Kathedrale die Vorstellungskraft des Besuchers. Die militärischen Befestigungsarbeiten begannen unter Magnus dem Barfüßigen, dem König von Norwegen, im 14. und 15. Jh. wurden sie ausgebaut. Die Burg steht auf der Insel **St. Patrick's**, die durch einen Damm mit der Hauptinsel verbunden ist.

Der **Hafen** ist ein beliebter Treffpunkt für Anglerfreunde von acht bis achtzig; außerdem kann man dort die vom Meer zurückkehrenden Heringsboote beobachten. Ein Großteil der Fänge geht direkt in die Räucherkammern, die die berühmten *Manx kippers* herstellen: Die Heringe werden über einem Eichenholzfeuer langsam geräuchert, wobei die andernorts verwendeten Farbstoffe streng verboten sind. Die traditionelle Herstellungsweise verleiht diesem Räucherhering seinen ganz einzigartigen Geschmack.

Das **House of Manannan** von Peel beschäftigt sich mit der keltischen, wikingischen und maritimen Vergangenheit der Isle of Man, hier liegt auch die *Odin's Raven* – die Nachbildung eines Langschiffs der Wikinger – die 1979 die aufsehenerregende Reise von Norwegen nach Peel machte. Das Jahr 1979 wird auf Man nicht so schnell in Vergessenheit geraten, denn es machte darauf aufmerksam, dass der Tynwald schon seit 1000 Jahren ununterbrochen funktioniert: Seit der Zeit der norwegischen Herrschaft ist es üblich, jedes Jahr unter freiem Himmel eine Versammlung abzuhalten, um neue Gesetze zu verkünden.

Die alte Zeremonie im Freien findet am 5. Juli auf dem Hügel des Dörfchens **St. John's** statt. Mitglieder des Tynwald und städtische Würdenträger verlesen dabei auf Englisch und auf Manx-Gälisch in Gegenwart des Lieutenant-Governors Kurzfassungen der im Laufe des Jahres erlassenen Gesetze.

Das Dorf wird vom verrufenen Berg **Slieau Wahllian** überragt. Von seinem Gipfel rollte man im Mittelalter in mit Nägeln versehenen Fässern die Hexen zu Tale.

Weiter südlich erreichen Sie **Port Erin**, ein idealer Ort für diejenigen, die fern vom Massentourismus gern auf eigene Faust eine schöne Gegend erkunden möchten. In der hübschen, von zwei Landzungen geschützten Bucht von Port Erin herrscht eine ruhige, friedliche Atmosphäre.

Ebenso friedvoll ist das wenige Kilometer entfernte Dorf **Port St. Mary**, mit seiner Bucht ein herrlicher Fleck für einen kleinen Segeltörn oder eine verträumte Angelstunde.

Vor der südwestlichen Inselspitze liegt **Calf of Man**, eine Insel, die durch einen schmalen Kanal von der Haupt-insel getrennt ist. Dieses Natur- und Vogelschutzgebiet ist für seine Vielfalt an Seevögeln bekannt. Außerdem tummeln sich auf den Klippen zahlreiche Seehunde. Abgesehen vom Schutzwart wohnt niemand auf Calf. Von Port St. Mary aus gibt es Bootsverbindungen zum Reservat.

Ein Muss für alle, die sich für die Lebensweise der Kleinbauern und Fischer im 19. Jh. interessieren, ist das Städtchen und Freilichtmuseum **Cregneash** an der südwestlichen Ecke der Insel. Anhand unveränderter Requisiten kann man den Lebensstil eines einfachen Bauern mit demjenigen eines damaligen Geschäftsmannes vergleichen.

Die frühere Hauptstadt der Isle of Man, **Castletown**, ist zu Recht stolz auf ihre gut erhaltene Burg: Hinter den mächtigen Mauern des **Castle Rushen** (11. Jh.), dem ehemaligen Wohnsitz der Wikingerkönige, entstand ein gut Teil der Inselgeschichte. Das in einem 200 Jahre alten, dreistöckigen Bootshaus untergebrachte **Schifffahrtsmuseum** zeigt neben Schiffsmodellen die als Schoner getakelte Jacht *Peggy* aus dem Jahre 1791.

LIVERPOOL

An den Ufern des Mersey

Die einst zweitgrößte Stadt des Britischen Empires und dessen wichtigster Hochseehafen hat beides in gleichem Maße erlebt: Zeiten höchster Blüte und Zeiten tiefster Depression. Gegenüber von Irland, dem Atlantik und der Neuen Welt gelegen, war sie für Generationen von Auswanderern das letzte Stück Heimat, das diese sahen. Umgekehrt setzten hier während des 2. Weltkriegs 2 Millionen amerikanische GIs ihren Fuß erstmals auf europäischen Boden.

Liverpools große Rezession in den 1960er-Jahren war teilweise selbst verschuldet: Die Dockarbeiter wehrten sich gegen das neue Container-System; in der Folge brach der Seehandel ein, und es dauerte Jahrzehnte, ihn wieder aufzubauen. Das auflebende Interesse an industrieller Architektur kam gerade rechtzeitig, um einige der historischen Dockanlagen der Stadt zu retten. Sie zählen heute zum Weltkulturerbe der UNESCO. 2008 war Liverpool eine der Europäischen Kulturhauptstädte.

Die meisten Liverpooler haben irische Wurzeln. Sie gelten als rebellisch und zynisch und ihr trockener Humor hat seinen Niederschlag auch im Show-Business gefunden; viele Komödianten, Schauspieler und Autoren stammen von hier. Die in der Stadt geborenen und aufgewachsenen Beatles verhalfen Liverpool zu Weltruhm und zu einer pulsierenden einheimischen Popmusikszene.

Die zweite große Leidenschaft der Liverpooler ist das Fußballspiel: Die Erfolge des FC Liverpool und des FC Everton sind entscheidend für die Befindlichkeit der ganzen Stadt, was sie zusammen mit ihrer fortwährenden Pracht und der wechselhaften Vergangenheit einzigartig macht.

Sehenswürdigkeiten

Den besten Blick auf Liverpools **Waterfront** hat man von einem Schiff aus – eine Hafenrundfahrt lohnt sich also auf alle Fälle. Man kann auch eine der Fähren nehmen, mit denen noch immer viele Pendler über den Mersey setzen, obwohl der Hauptverkehr heute durch Tunnels fließt.

Am Pier Head, nahe der Fähranlegestelle, erhebt sich das **Royal Liver Building** mit seinen beiden hohen Türmen, die je ein *Liver bird* krönt, der legendäre Wappenvogel Liverpools (eine Mischung aus Adler und Kormoran). Südlich schließen sich das Cunard und das Port Building an, es folgen das Canning und das Albert Dock. Anstelle des beliebten Museum of Liverpool Life, das der Stadtgeschichte aus der Sicht der Hafenarbeiter, Gewerkschafter und Frauenrechtlerinnen gewidmet war, entsteht zurzeit das neue **Museum of Liverpool**, dessen Eröffnung für das Jahr 2010 geplant ist.

Das **Albert Dock** aus der Mitte des 19. Jh. mit eleganten Backsteinarkaden und Gusssäulen ist ein Musterbeispiel der funktionellen Industrie-Architektur. In den 1970er-Jahren wurde es geschlossen und geriet in Vergessenheit, bis man sich auf seinen Wert besann. In den aufwendig sanierten einstigen Lagerhäusern sind nun Boutiquen, Restaurants, Galerien und Museen untergebracht.

Der Westtrakt beherbergt die **Tate Gallery Liverpool**, eine Dependance der Londoner Galerie für moderne und britische Kunst.

An der Nordseite des Docks dokumentiert das **Merseyside Maritime Museum** die Geschichte des Hafens und des Schiffsbaus, unter anderem mit etlichen schönen Schiffsmodellen. Eine faszinierende Ausstellung befasst sich mit den Millionen von Auswanderern, die von hier in die Neue Welt aufbrachen. Sie können durch eine rekonstruierte Liverpooler Straße aus den 1850er-Jahren wandern oder sich das enge, düstere Innere eines Emigranten-Schiffs ansehen. Schockierend ist der Bereich, der das dunkle Kapitel des Sklavenhandels belegt. Ohne Beschönigungen erzählt er von den im 18. und beginnenden 19. Jh. zu Millionen verschleppten Schwarzafrikanern – oft auf Schiffen ehrwürdiger Liverpooler Bürger.

Vom Pier Head führt die Water Street ins viktorianische Stadtzentrum mit mehreren beeindruckenden Profanbauten. Die riesige neuklassizistische **St. George's Hall** (1838–54) schmückt sich außen mit einer Reihe korinthischer Säulen; im Innern sind die Statuen von lokalen Honoratioren zu sehen. Früher tagte hier der Kronrat und es fanden Konzerte statt; die mächtige Orgel kommt auch heute noch zum Einsatz.

Der palastähnliche Komplex gleich gegenüber ist Sitz der Brown Library und des **World Liverpool Museums**, das unterschiedlichste Ausstellungen, von den Dinosauriern bis zur Raumfahrt, zeigt.

Die benachbarte **Walker Art Gallery** besitzt eine der schönsten Sammlungen Englands mit Werken italienischer, flämischer und holländischer Meister, unter denen besonders Rubens und Rembrandt zu erwähnen sind. Herausragend ist außerdem die englische Abteilung mit Gainsborough, Stubbs sowie die Präraffaeliten des 19. Jh. und ihre Nachfolger.

Die zwei Kathedralen, die Liverpools Stadtbild prägen, entstanden erst im 20. Jh. in unterschiedlichem Stil. Die neugotische **Anglikanische Kathedrale** (oder Liverpool Cathedral, 1904–78) südwestlich der Hope Street ist die größte Kirche Englands; ihr Architekt ist Sir Giles Gilbert Scott, der Erfinder der roten Telefonhäuschen. Das Innere schmücken feine Steinmetzarbeiten, Holzschnitzereien und Bleiglasfenster. Vom 101 m hohen Turm hat man eine fantastische Sicht.

Ein ganz anderer Stil prägt die römisch-katholische **Metropolitan Cathedral** am nördlichen Ende der Hope Street. 1933 begonnen, sollte sie einst dem Petersdom in Rom Konkurrenz machen; doch nach dem Ende des 2. Weltkriegs wurde das Projekt redimensioniert. Man deckte den Rundbau mit einem zeltähnlichen Dach aus Glas und Stahl, auf dessen Spitze man einen zylindrischen, von Metallpfeilern umgebenen Turm setzte.

Die »Fab Four«

The Beatles Story im Südteil des Albert Docks ehrt die vier berühmtesten Söhne der Stadt. Fans können an einem Rundgang teilnehmen, der zu Plätzen führt, wo die Vier aufwuchsen, zur Schule gingen und später ihre Musik spielten. Das Haus der McCartneys (1955–64) in der Forthlin Road 20 wurde vom National Trust gekauft und stilgerecht erhalten. Die Besucherzahl ist beschränkt, und man muss sich einer geführten Tour ab Speke Hall oder Albert Dock anschließen. Der Cavern Club, in dem die Beatles 1961–63 oft spielten, wurde 1973 geschlossen. 1984 wurde an derselben Stelle eine etwas vergrößerte aber ansonsten originalgerechte Version des berühmten Kellerlokals eröffnet.

Jenseits des Mersey

In **Birkenhead** am Westufer des Mersey sind in den Docks einige historische Kriegsschiffe zu sehen, wie das deutsche U-Boot U-534, das im 2. Weltkrieg sank und erst etwa 50 Jahre später gehoben wurde.

Port Sunlight – vermutlich das einzige nach einer Seife benannte Dorf – wurde 1889 vom Unternehmer William Lever für seine Fabrikarbeiter gegründet. Mehrere namhafte Architekten schufen die Siedlung im viktorianischen Stil mit Elementen traditioneller englischer Bauweisen.

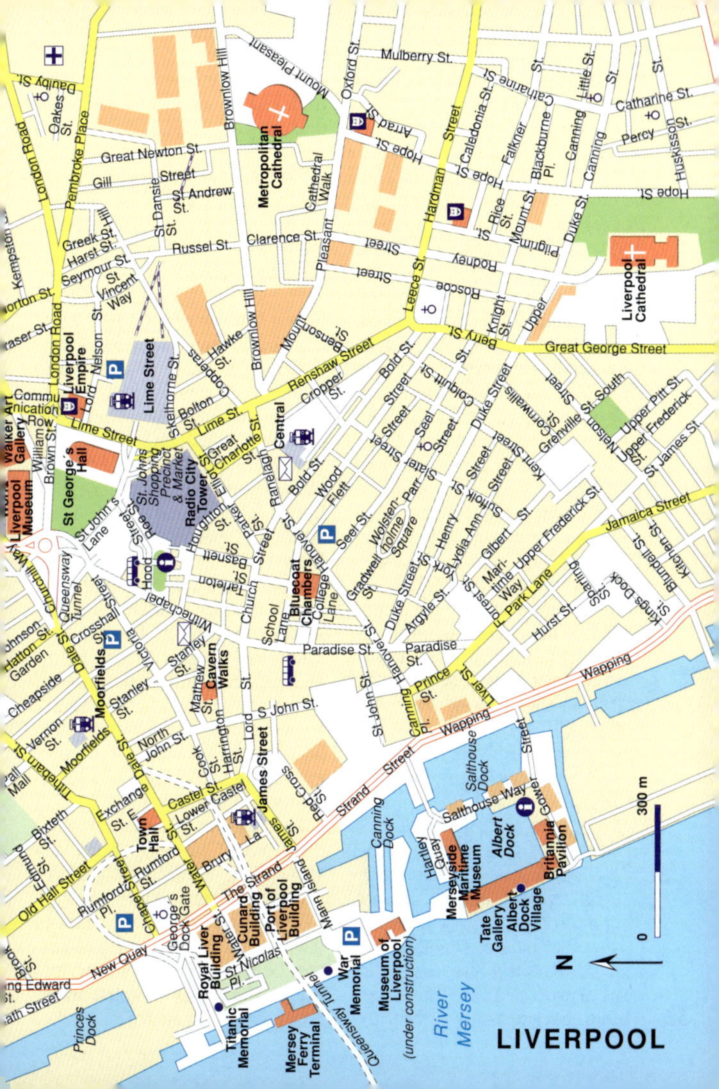

LIVERPOOL
N
0
300 m
Metropolitan Cathedral
Liverpool Cathedral
Lime Street
Liverpool Empire
Walker Art Gallery
Liverpool Museum
St George's Hall
St George's Gate
St. Johns Shopping Precinct & Market
Radio City Tower
Central
Moorfields
Town Hall
Royal Liver Building
Cunard Building
Port of Liverpool Building
Titanic Memorial
War Memorial
Mersey Ferry Terminal
Museum of Liverpool (under construction)
Merseyside Maritime Museum
Tate Gallery
Albert Dock Village
Albert Dock
Britannia Pavilion
Salthouse Dock
Canning Dock
Princes Dock
River Mersey
Bluecoat Chambers
Cavern Walks
Mann Island
Queensway Tunnel
Mount Pleasant
Mulberry St.
Oxford St.
Catharine St.
Percy St.
Huskisson St.
Hope St.
Hardman Street
Rodney Street
Roscoe Street
Leece St.
Berry St.
Great George Street
Renshaw Street
Brownlow Hill
Great Newton St.
Pembroke Place
London Road
Dansie St.
Clarence St.
Russel St.
Seymour St.
St Vincent Way
Copperas Hill
Skelthorne St.
Bolton St.
Lime St.
Great Charlotte St.
Ranelagh St.
Bold St.
Seel St.
Wood St.
Slater St.
Duke Street
Colquitt St.
Parr St.
Wolstenholme Square
Hanover St.
Paradise St.
Church St.
School Lane
College Lane
Jamaica Street
Upper Frederick St.
Park Lane
Wapping
Strand Street
The Strand
James Street
Lord St.
Castle St.
Dale St.
Water St.
Old Hall Street
Tithebarn St.
Victoria Street
Whitechapel
Williamson Square
Crosshall St.
Hatton Garden
Cheapside
Exchange St. E.
Rumford Pl.
Chapel Street
New Quay
Bath Street
St Nicolas Pl.
Brunswick St.
Harrington St.
Mathew St.
Stanley St.
North John St.
S John St.
Canning Pl.
Liver St.
Salthouse Way
Gower Street
Hartley Quay
Kings Dock St.
Hurst St.
Sparling St.
Blundell St.
Kitchen St.
St James St.
Upper Pitt St.
Nelson St.
Grenville St. South
Cornwallis Street
Kent Street
Suffolk St.
Henry St.
York St.
Argyle St.
Gradwell St.
Fleet St.
Cropper St.
Benson St.
Hawke St.
Nelson St.
Lord Nelson St.
Greek St.
Harst St.
Gill Street
St Andrew St.
Oakes St.
Dansby St.
Arrad St.
Caledonia St.
Falkner St.
Blackburne Pl.
Canning St.
Little St.
Rice St.
Mount St.
Pilgrim St.
Knight St.
Upper Duke St.
Cathedral Walk
Pleasant St.
Kempston St.
Norton St.
Fraser St.
Houghton St.
Elliot St.
Parker St.
Basnett St.
Tarleton St.
Roe Street
Hood St.
St John's Lane
Queensway Tunnel
Churchill Way
Vernon St.
Moorfields
Bixteth St.
Edmund St.
Stanley St.
Cook St.
Lower Castle St.
Brunswick St.
Red Cross St.
Lydia Ann St.
Gilbert St.
Maritime Way
Forrest St.
Price St.

In der **Lady Lever Art Gallery** ist die Kunstsammlung untergebracht, die die Familie Lever der Öffentlichkeit hinterließ. Sie umfasst unter anderem Werke englischer Maler, Stilmöbel, Porzellan, Jugendstilarbeiten und sogar Napoleon-Memorabilien.

In **Ellesmere Port** lohnt das Blue Planet Aquarium (mit Simulation von Tiefseetauchgängen) einen Besuch. Interessant ist auch das schwimmende Bootsmuseum, das an die Zeiten der Kanalfrachter erinnert.

Chester

Das reizvolle Chester am Ufer des River Dee gründete man im 1. Jh. n. Chr. als römische Militärbasis Deva, um walisische und irische Überfälle zu unterbinden. Die teils römischen, teils normannischen Stadtmauern um das historische Zentrum gelten als die am besten erhaltenen ganz Englands. Am besten beginnt man eine Besichtigung mit einem Rundgang auf den **Walls**.

Vom East Gate gelangt man in nördlicher Richtung, vorbei an der Rückseite der Kathedrale, zum **King Charles' Tower**. Hier soll Karl I. im Jahr 1645 beobachtet haben, wie seine Armee bei Rowton Moor geschlagen wurde. Vom westlichen Mauerabschnitt aus überblickt man das einstige römische Hafenareal Roodee, wo bereits seit dem 16. Jh. Pferderennen stattfinden.

Das **Chester Castle** in der Südwestecke am Ufer des Dee wurde im 18. Jh. stark umgebaut, einzig der Turm ist noch normannisch.

Direkt neben dem südöstlichen Wall liegen die Überreste des **römischen Amphitheaters**, damals das größte von ganz Britannien.

Die Hauptstraßen der **Altstadt** – Northgate, Eastgate, Bridge und Watergate Street – treffen beim sogenannten The Cross aufeinander. Alle vier sind von Chesters einzigartigen Ladenpassagen gesäumt, den **Rows**. Diese Laubengänge auf zwei Ebenen entstanden im 13. Jh., vermutlich um die römischen Ruinen und andere Trümmer zu überbrücken, die auf Straßenniveau hinderlich waren. Viele der Stein- und Fachwerkhäuser gehen auf das 14.–16. Jh. zurück und sind reich mit Holzschnitzereien verziert.

Die eher bescheidene Kathedrale von Chester gehörte ursprünglich zu einer 1092 gegründeten Benediktinerabtei.

Der **Zoo** der Stadt ist bekannt dafür, dass er die vom Aussterben bedrohten Tiere besonders pflegt und eine möglichst artgerechte Haltung anstrebt.

Ein Blick in die Küche

Möchten Sie ein preiswertes Mittagessen in netter Umgebung, dann gehen Sie in ein Pub. Hier bekommen Sie rustikale Gerichte wie *ploughman's lunch* (Brot, Käse und Essigzwiebeln) oder Pastete aus Rindfleisch und Nieren, *steak and kidney pie*. Wer gern Fisch isst, probiert Seezunge *(Dover sole)*, die in ganz England geschätzt ist.

In Cornwall gehörte die *cornish pasty* früher zu den Grundnahrungsmitteln, und noch heute sind diese Pasteten aus Fleisch, Kartoffeln und Zwiebeln im Teig immer eine schmackhafte Zwischenmahlzeit. Eine ungewöhnliche exotische Spezialität ist *county captain*: Huhn mit Zwiebeln und scharfen Chilischoten, als Beilage Reis und Erbsen.

Beliebte Nachspeisen sind *hot apple pie*, warmer Apfelkuchen mit Vanillesauce und der aus Beeren und trockenem Weißbrot zubereitete *summer pudding*. Käsespezialitäten sind z. B. ein alter *stilton cheese* oder ein würziger *cheddar*.

In Englands »Hopfengarten« wird natürlich Bier vom Fass getrunken. Versuchen Sie auch Apfelwein *(cider)* oder einen der leichten, fruchtigen Weißweine aus Kent.

Einkaufsbummel

London ist ein Einkaufsparadies, aber nicht das billigste! Junge Leute suchen trendige Mode am besten auf den Märkten, wie z. B. im Covent Garden oder in Kaufhäusern wie Selfridges an der Oxford Street. Klassischere Kleidung findet man in den Geschäften an der Oxford Street, im Harrods und im Liberty, exklusive Designer-Boutiquen reihen sich an der King's Road und um den Sloane Square.

Die Marken Wedgwood, Royal Doulton oder Spode stehen für Porzellan von Weltruf, das vielerorts verkauft wird. Auch schöne Glasarbeiten sind im Angebot sowie Wollsachen und andere Textilien (obwohl diese nicht unbedingt in Südengland hergestellt werden).

Als Erinnerung an eine unvergessliche Reise eignen sich Muscheln, Modellschiffe oder Schiffsbilder von einheimischen Künstlern.

In Antiquitätenläden und auf Flohmärkten entdeckt man zwischen Möbeln, Schmuck und Krimskrams auch altes Porzellan.

Tee, Käse (wie etwa *stilton* in einem Steinguttopf oder der berühmte *cheddar)* und Orangenmarmelade sind schmackhafte Mitbringsel.

Praktische Hinweise England/Kanalinseln

Banken sind im Allgemeinen Montag bis Freitag 9.30–15.30 oder 16.30 Uhr geöffnet, manche auch Samstag vormittags. Wechselstuben haben meist längere Schalterstunden.

Geld. 1 Pfund Sterling *(£)* = 100 *pence (p)*. Münzen: 1p bis £2, Scheine: £5 bis £50. Jersey und Guernsey haben ihre eigenen Währungen, die man außerhalb der Kanalinseln nicht umtauschen kann. Meist bezahlt man aber mit britischem Geld. Kreditkarten werden fast überall angenommen.

Klima. England hat ein überwiegend gemäßigtes Klima mit relativ großen Regenmengen. Dank dem Golfstrom, der den Süden Großbritanniens so segensreich umspült, gefriert es im Winter kaum, und schon im März und April beginnt in den Gärten die Blütenpracht. Im August und September können die sonst so saftig grünen Wiesen sogar braun und trocken sein. Dennoch bedingt das maritime Klima auch rasche Wetterumschwünge, sodass es immer gut ist, Regenkleidung und Schirm zur Hand zu haben. Die Kanalinseln genießen ein mildes Klima.

Öffnungszeiten. *Geschäfte:* Im Allgemeinen Montag bis Samstag 9 oder 10–18 oder 19 Uhr; donnerstags Abendverkauf bis 20 Uhr. Viele sind auch sonntags 12–18 Uhr geöffnet. Supermärkte sind abends meistens auch nach 20 Uhr noch offen, ebenso manche Läden in Tourismuszentren. *Postämter:* Montag bis Freitag 9–17.30 oder 18 Uhr, Samstag 9–12.30 Uhr. Häufig befindet sich auch in Supermärkten eine Poststelle. Jersey und Guernsey haben ihre eigenen Briefmarken. *Pubs:* Seit der Aufhebung der Sperrstunde um 23 Uhr darf in den Pubs auch später ausgeschenkt und konsumiert werden, jedoch nur in Lokalen mit entsprechender Lizenz.

Rauchen. Seit 2007 ist das Rauchen in allen öffentlichen geschlossenen Räumen (d. h. in allen Pubs und Gaststätten) verboten.

Stromspannung. Die Netzspannung beträgt 230 Volt. Die Stecker haben drei abgeflachte Stifte; für »kontinentale« Geräte benötigen Sie deshalb einen Zwischenstecker.

Trinkgeld. Ein *tip* (Trinkgeld) ist in England und auf den Kanalinseln üblich. In den Restaurants gibt man 10 %, wenn die Bedienung nicht bereits im Rechnungsbetrag inbegriffen ist, in Pubs legt man nur etwas dazu, wenn am Tisch bedient wird. Taxifahrer und Friseure erwarten mindestens 10 %. In öffentlichen Toiletten gibt man 10 p, dem Kofferträger 1£ und dem Zimmerpersonal im Hotel etwa 1£ pro Tag.

Zeit. Es gilt die *Greenwich Mean Time* (GMT), die der Mitteleuropäischen Zeit (MEZ) eine Stunde voraus ist. Es ist üblich, die Zeit in a.m. (ante meridiem) und p.m. (post meridiem) anzugeben (12 Uhr mittags = 12 a.m., 24 Uhr = 12 p.m.).

12450.02.3818 – Fotos: S. 1 Christine Osborne Pictures, S. 5 istockphoto.com/Garrad, S. 12 Guy Minder, S. 13 istockphoto.com/Mckeown,
S. 23 Bildagentur Huber; S. 31, 36 hemis.fr/Rieger; S: 41 istockphoto.com/texasmary; S. 49 istockphoto.com/Lawler

Schottland

Edinburgh
Aberdeen
Glasgow
Highlands

Schottlands Hauptstadt

Das Panorama Edinburghs ist eindrucksvoll: Wie ein Wachtposten steht die Burg auf einem gewaltigen Felsblock und wird an drei Seiten von fast senkrechten Steilwänden geschützt. An der sanfter abfallenden Ostseite drängen sich die hohen grauen Wohnhäuser der Altstadt entlang der Royal Mile bis hinunter zum königlichen Palast Holyroodhouse. Dieses altehrwürdige Gebäude blickt heute auf das neue schottische Parlament. Der im Oktober 2004 eröffnete weitläufige Komplex ist nur eines von vielen Projekten des Baubooms, der den Ost- und Westteil der Stadt und den Hafen von Leith allmählich verwandelt.

Eines steht fest: Die Wiedereinführung eines gewählten Parlaments in Schottland nach fast drei Jahrhunderten bringt kulturellen Aufschwung. Alles Schottische wird liebevoll gepflegt: die Geschichte dieser alten Nation, das Rechts- und Erziehungssystem, die Musik, Tänze, Literatur und auch die eigene Sprache.

Die jüngsten Veränderungen sind die bisher letzten Eingriffe in ein sich ständig entwickelndes Stadtbild. Bis ins späte 18. Jh. lebten Reich und Arm dicht zusammengedrängt in der Altstadt. Wer es sich leisten konnte, zog bald in die Neustadt mit ihren eleganten Plätzen und Häuserreihen. Diese Trennung spaltete die Einwohner, die dies- und jenseits der Princes Street lebten. Im 20. Jh. vermischten sie sich wieder; Edinburgh bewahrte seine anregende Vielseitigkeit. Mal wirkt es puritanisch, mal verwegen, mal avantgardistisch. Hier nippen in einer Hotelhalle vornehme Ladies an ihrem Fünf-Uhr-Tee; dort strömen Yuppies nach Büroschluss in ihre Stammbar; und zu später Stunde findet man – je nach Geschmack – in Theatern oder Diskotheken Unterhaltung.

Beim alljährlich von Anfang August bis Anfang September stattfindenden internationalen Festival von Edinburgh treten Theater-, Opern- und Balletttruppen sowie Orchester aus aller Welt auf, und Hunderttausende Besucher strömen in die Stadt. Im Rahmen des weniger förmlichen »Rand-Festivals«, *Fringe* genannt, zeigen zur selben Zeit rund 600 Gruppen und Einzeldarsteller täglich an 250 verschiedenen Plätzen der Stadt über 2000 Darbietungen.

Wen wundert es da noch, dass jeder Schotte auf seine prächtige Hauptstadt stolz ist…

Geschichtlicher Überblick

Frühzeit
Die keltische Bergfestung Dún Eideann entsteht um 500 v. Chr. am Standort des heutigen Schlosses von Edinburgh.

11.–12. Jh.
Südschottland wird unter König Malcolm III. Canmore (1058–93) vereinigt und von Edinburgh aus regiert. Normannische Adlige aus England lassen sich im schottischen Tiefland nieder. Edinburgh wächst.

13.–15. Jh.
König Alexander III. stirbt 1286. Die rivalisierenden Anwärter auf die Krone bekriegen sich. Eduard I. von England überfällt Schottland und wirft einen von William Wallace angeführten Aufstand nieder. Robert Bruce besiegt die Engländer 1314 in Bannockburn und verschafft dem Land erneut die Unabhängigkeit. Edinburgh wird Hauptstadt.

16.–17. Jh.
Jakob IV. greift England an, doch das schottische Heer erleidet 1513 in Flodden eine Niederlage, und der König wird getötet. John Knox predigt in Edinburgh die Reformation. Maria Stuart, die Tochter Jakobs V., die nach dem Tod ihres Vaters 1542 zu seiner Nachfolgerin geworden ist, kehrt 1561 aus Frankreich zurück und erhebt Anspruch auf den Thron. Als Katholikin in einem weitgehend protestantischen Land besitzt sie viele Feinde. Zur Abdankung gezwungen, flieht sie nach England, wo sie von Elisabeth I. gefangen genommen und später enthauptet wird. Elisabeth stirbt 1603. Ihr Nachfolger ist Marias Sohn Jakob VI. Er regiert in London als Jakob I. Der Bürgerkrieg zwischen Royalisten und englischem Parlament führt zum Aufstand in Schottland.

18.–19. Jh.
Die Act of Union von 1707 vereinigt Schottland und England; das schottische Parlament wird abgeschafft. Nach dem Tod von Anne besteigt Georg I. aus dem Hause Hannover den Thron. Jakobitische Anhänger der Stuarts rebellieren 1715 und erneut 1745. Schließlich marschiert Karl Eduard Stuart (»Bonnie Prince Charlie«) in Edinburgh ein. Kurz danach greift er England an, muss jedoch den Rückzug antreten und wird in Culloden geschlagen. Der Bau der Neustadt beginnt in den 1870er-Jahren.

20.–21. Jh.
Der schottische Nationalstolz zeigt sich in Kampagnen für verstärkte Autonomie innerhalb des Vereinigten Königreichs. Manche fordern sogar die Unabhängigkeit. 1999 wird ein neues schottisches Parlament gewählt und im Oktober 2004 das neue Parlamentsgebäude eingeweiht.

Sehenswürdigkeiten

Alt- und Neustadt können gut zu Fuß erkundet werden. Wer sich einen ersten Überblick verschaffen möchte, besteigt einen Doppeldeckerbus, der die wichtigsten Sehenswürdigkeiten ansteuert. Die Fahrt lässt sich nach Belieben unterbrechen und an einem anderen Ort fortführen. Bei gutem Wetter sollten Sie sich das offene Sonnendeck gönnen.

Behalten Sie Ihre Fahrscheine, denn sie berechtigen an verschiedenen Orten zu ermäßigten Eintrittspreisen. Angeboten werden auch geführte Stadtspaziergänge, Gespenster-Touren und Streifzüge durch Literatur-Pubs.

Die Altstadt

Als die Bevölkerung immer weiter anwuchs, mussten die auf einem schmalen Bergkamm dicht aneinander gedrängten Gebäude in die Höhe gebaut werden. Bereits im 16. Jh. erreichten sie sechs und mehr Stockwerke. Küchenabfall und der Inhalt der Nachttöpfe wurde ganz einfach in die Gassen gekippt. Heutzutage besteht dieses Risiko nicht mehr, wenn Sie die geschichtsträchtige Royal Mile von der Burg bis zum Palast Holyroodhouse hinabschlendern.

Das imposante **Edinburgh Castle**, das auf einem Vulkankegel thront, beherrscht die Stadt. Der Ausblick ist überwältigend: Östlich verläuft die Royal Mile, im Norden erkennt man die Neustadt bis zum Firth of Forth, im Süden reicht das Panorama über die Agglomeration bis zu den Pentland Hills.

Fast 3000 Jahre überdauerte die erste Festung, doch erst im Jahr 600 ging sie als *Dún Eideann* (»Eidyns Festung«) in die Geschichte ein. Aus dieser gälischen Bezeichnung ist der Name Edinburgh entstanden. Als königliches Schloss und damit Residenz der schottischen Monarchen und Regentinnen diente die Festung bis zu Jakob VI., der 1566 hier geboren wurde. Jeder seiner Bewohner ließ die Gebäude auf dem Hügel um- oder ausbauen. Deshalb wirkt die Anlage mit ihren verschiedenen Gebäuden heute als Mischung aus Palast, Kaserne und Museum.

Die um 1075 für Königin Margareta erbaute **St. Margaret's Chapel** entstand als erstes Gebäude innerhalb der Festungsmauern. Während 300 Jahren diente das Kirchlein als Pulvermagazin und wurde erst 1845 wieder entdeckt. Heute ist St. Margaret's Chapel die älteste noch benutzte Kirche Schottlands. Der schlichte weiß ge-

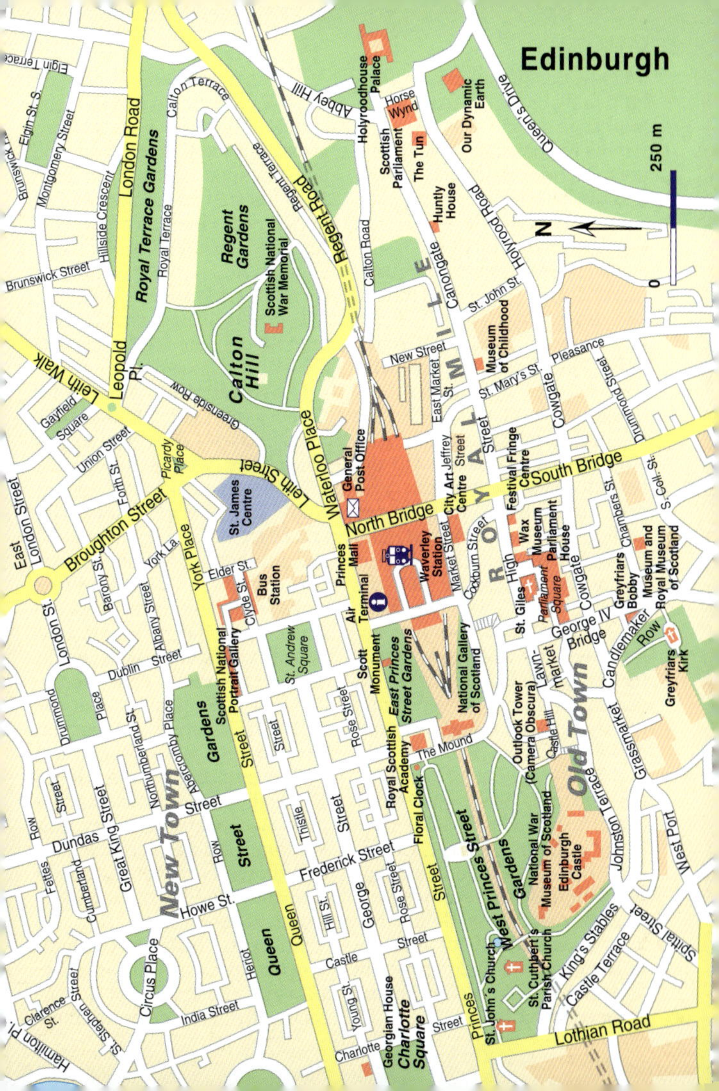

Edinburgh
250 m
0
N
Queen's Drive
Our Dynamic Earth
Holyroodhouse Palace
Abbey Hill
Horse Wynd
Scottish Parliament
The Tun
Huntly House
Holyrood Road
Canongate
St. John St.
Museum of Childhood
Pleasance
St. Mary's St.
Cowgate
Drummond Street
South Bridge
Festival Fringe Centre
S. Coll. St.
Chambers St.
Museum and Royal Museum of Scotland
Greyfriars Bobby
Candlemaker Row
Greyfriars Kirk
George IV Bridge
Parliament House
Parliament Square
Wax Museum
St. Giles
High
Street
Cockburn Street
Jeffrey Street
City Art Centre
Market Street
East Market St.
New Street
Calton Road
Regent Road
Regent Terrace
Calton Terrace
Regent Gardens
Scottish National War Memorial
Calton Hill
Greenside Row
Royal Terrace Gardens
Royal Terrace
London Road
Leopold Pl.
Leith Walk
Gayfield Square
Union Street
Forth St.
Picardy Place
Broughton Street
East London Street
London St.
Barony St.
York La.
Albany Street
Dublin Street
York Place
Elder St.
Clyde St.
Bus Station
St. James Centre
Leith Street
Waterloo Place
General Post Office
North Bridge
Princes Mall
Waverley Station
Air Terminal
Scottish National Portrait Gallery
St. Andrew Square
Scott Monument
East Princes Street Gardens
National Gallery of Scotland
The Mound
Royal Scottish Academy
Floral Clock
Rose Street
Street
Thistle
Frederick Street
George
Hill St.
Castle
Young St.
Charlotte
Georgian House
Charlotte Square
Queen Street
Queen Street Gardens
Heriot Row
Howe St.
Abercromby Place
Northumberland St.
Great King Street
Dundas Street
Cumberland
Fettes Row
Drummond Place
New Town
Circus Place
India Street
St. Stephen Street
Clarence St.
Hamilton Pl.
Brunswick Street
Hillside Crescent
Montgomery Street
Elgin St. S.
Elgin Terrace
Princes Street
West Princes Street Gardens
St. John's Church
St. Cuthbert's Parish Church
Lothian Road
Castle Terrace
King's Stables
Spittal Street
West Port
Grassmarket
Johnston Terrace
Edinburgh Castle
National War Museum of Scotland
Outlook Tower (Camera Obscura)
Castle Hill
Lawnmarket
Old Town
ROYAL MILE

tünchte Innenraum ist nur 3 m breit. Als höchster Aussichtspunkt des Burgfelsens bietet die Kirche ein herrliches Panorama über die Princes Street Gardens und die Neustadt.

Die **Great Hall** (1502) im Castle besitzt eine der schönsten Stichbalkendecken Großbritanniens. Ihre Eichenholzbalken sind ohne Nägel oder Schrauben ineinandergefügt worden.

Im **Palast** sind die kostbarsten Ausstellungsstücke des Schlosses aufbewahrt. So bestaunt man im Crown Room die Honours of Scotland, wie die Kronjuwelen bezeichnet werden. Sie zählen zu den ältesten königlichen Krönungsinsignien Europas. Als erster trug Robert Bruce die Goldkrone und die Perlen im Jahr 1306. Eine Multimediaausstellung erinnert daran, dass die Symbole der schottischen Souveränität zweimal vergraben und unter Verschluss gehalten wurden und jahrhundertelang fast in Vergessenheit gerieten. Neben den Kronjuwelen wird der *Stone of Destiny* (»Stein des Schicksals«) bzw. *Stone of Scone* gezeigt, der einen Teil des Krönungsthrons der schottischen Könige wie Macbeth und John Balliol bildete. Er wurde 1296 von König Eduard I. nach London gebracht und erst 700 Jahre später wieder zurückgeschafft.

In den darunterliegenden Gewölben steht die **Mons Meg**, eine im 15. Jh. in Flandern gegossene Kanone. Sie wird nicht mehr benutzt, seit sie im Jahr 1680, anstatt die Salutschüsse zu Ehren eines königlichen Besuchs abzufeuern, kläglich explodierte. Heute erhallt von der Half Moon Battery aus an jedem Wochentag um 13 Uhr (als Signal zur Mittagspause) die One O'Clock Gun.

Die **Royal Mile** (»Königliche Meile«) führt vom Schloss zum Königspalast, dem Holyroodhouse. Die verschiedenen Abschnitte tragen jeweils andere Namen: Castlehill, Lawnmarket, High Street, Canongate und zuletzt Abbey Strand. Insgesamt ist sie rund 2 km lang und eignet sich bestens für Spaziergänge, denn hier reiht sich eine Sehenswürdigkeit direkt an die andere. Zwischen dem 18. Jh. und den 1960er-Jahren war die Straße heruntergekommen und verwahrlost; die begehrten Wohnviertel lagen damals in der Neustadt. Dann erkannten ein paar Architekturliebhaber mit Weitblick die nüchterne Schönheit dieser Gemäuer, und bald erwachte das Viertel aus seinem Dornröschenschlaf.

Im Aussichtsturm **Outlook Tower** am Castlehill bietet die Camera Obscura bei klarer Sicht ein interessantes Erlebnis:

In einem dunklen achteckigen Raum können Sie das Stadtpanorama in allen Einzelheiten bewundern. Dieses technische Wunderwerk stammt aus dem Jahre 1853. Ebenfalls am Castlehill ist in einer früheren Kirche mit 73 m hohem Turm **The Hub** (auch »Edinburgh's Festival Centre«) untergebracht, wo Karten für das Edinburgh Festival und weitere kulturelle Ereignisse erhältlich sind.

Lawnmarket ist nach den feinen weißen Leinen- und Baumwollstoffen benannt, mit denen hier einst gehandelt wurde. Auf der Nordseite liefert **Gladstone's Land** ein prachtvolles Beispiel für ein hohes und schmales Mietshaus aus dem 17. Jh. Die Landesstiftung National Trust for Scotland ließ es teilweise restaurieren und mit Möbeln ausstatten, um zu zeigen, wie es hier vor 300 Jahren ausgesehen hat. Eine der Wohnungen besitzt herrlich bemalte Decken. Auch ein kleines Geschäft mit Nachbildungen von damaligen Waren ist zu sehen. Ein Stück weiter unten auf dem Lawnmarket stößt man auf das **Writers' Museum**, das im Lady Stair's House (1622) eingerichtet wurde. Es stellt Manuskripte und persönliche Gegenstände von Robert Burns, Sir Walter Scott und Robert Louis Stevenson aus.

Auf dem Parliament Square am oberen Ende der High Street erhebt sich die **St. Giles' Cathedral**, Schottlands »Hochkirche«. Die Bauarbeiten begannen 1120. Die wuchtigen normannischen Pfeiler stammen aus jener Zeit – und der berühmte Spitzturm in Form der schottischen Krone wurde 1495 hinzugefügt. Besonders sehenswert sind die herrlichen Glasfenster und die hübsche Thistle Chapel mit einem Kirchenstuhl für den Monarchen und einem fürstlichen Sitz für jeden der 16

Ritter des Distelordens, des ältesten Ritterordens von Schottland. John Knox hielt seine Predigten in der Kathedrale und liegt vermutlich in einem anonymen Grab davor begraben.

Aus dem **Parliament House** (1639) wurde nach Auflösung des Parlaments im Jahr 1707 ein Gerichtshof, wo u.a. die Schriftsteller Scott und Stevenson als Juristen tätig waren.

Die **Tron Kirk** (1648) an der Kreuzung von High Street und South Bridge trägt ihren Namen wegen einer ehemals hier aufgestellten öffentlichen Salzwaage. Das Gebäude dient heute als Ausstellungsraum für die Geschichte der Altstadt. Archäologen haben den Fußboden in der Mitte entfernt und ein Labyrinth von alten Straßen freigelegt, die beim Bau der Kirche zugedeckt wurden.

Das **John Knox House** in der High Street 43–45 gilt als die letzte Adresse des Reformators. Ursprünglich standen hier zwei Häuser aus dem 15. Jh., die jedoch für James Mosman – den Juwelier der schottischen Königin Maria – 1556 als Ausstellungsgebäude seiner Arbeiten umgebaut wurden. Die Geschäfte im Erdgeschoss sind die ältesten Edinburghs. Heute zeigt man hier Bibeln und andere Bücher, die einen Bezug zu Knox haben. Eine Tonbildschau erklärt die religiösen Konflikte seiner Zeit. Das Haus ist in das Netherbow Centre eingegliedert, zu dem auch eine Galerie, ein kleines Theater und ein Café gehören.

Unzählige Spielzeuge, Puppen und Spiele sind im **Museum of Childhood**, dem Museum der Kindheit, auf der Südseite der High Street zu bestaunen. Alte Filmaufnahmen zeigen Kinder u. a. beim Herunterleiern ihrer Multiplikationstafeln und beim Spielen.

In Canongate Tollbooth, einem Gebäude aus dem Jahre 1591, waren einst die Stadtverwaltung und das Gefängnis untergebracht. Heute gibt hier die Dauerausstellung **The People's Story** Einblick in die tägliche Arbeit und die Freizeit der einfachen Leute in den letzten 200 Jahren. Als Anschauungsmaterial dienen Videos, Fotos, Alltagsgegenstände und sogar künstlich erzeugte Gerüche. Sehr schön sind auch die liebevollen Rekonstruktionen von Werkstätten, Küchen, einer Gefängniszelle, einem Teesalon und einem Pub.

König David I. gründete 1128 die Abtei von Holyrood, doch erst 1501 ließ Jakob IV. sie zu seiner dauerhaften Residenz, dem **Palace of Holyroodhouse**, ausbauen. Die Führungen beginnen in den Prunkzimmern des 17. Jh., die von Karl II. und Jakob VI. (Jakob I. von England) benutzt wurden. Auch die Gemächer Jakobs V., des Vaters von Maria Stuart, sind zugänglich. Maria heiratete ihren zweiten Ehegatten Lord Darnley in der Abtei und wohnte 1561–1567 im Palast. Sie musste mitansehen, wie ihr Sekretär David Rizzio im Outer Chamber von einer Gruppe Adliger niedergestochen wurde. Anführer war der eifersüchtige Darnley. Eine Gedenktafel zeigt den Tatort an. In anderen Räumen sind Kunstgegenstände aus den königlichen Sammlungen ausgestellt. Der Besuch endet an der Ruine der Abtei, die in den Religions- und Bürgerkriegen des 16./17. Jh. zerstört wurde.

Der Palast dient noch heute für Staatszeremonien, und wenn Königin Elisabeth II. in Edinburgh weilt, wohnt sie hier.

Das spektakuläre **Scottish Parliament** (2004 eröffnet) erhebt sich am Ende der Royal Mile gegenüber von Holyroodhouse. Der katalanische Architekt Enric Miralles entwarf einen halbkugelförmigen Plenarsaal – als Gegenstück zum Londoner House of Commons. Der Eintritt ist frei; am besten bewundert man das anspruchsvolle Design bei einer Führung. Nicht weit von hier hat sich ein ehemaliges Lagerhaus dank moderner Erweiterungen in einen Blickfang der Holyrood Road verwandelt: **The Tun**, ein Backsteinbau mit Betonpfeilern und einer mit Kupfer verkleideten grünen Fassade, beherbergt heute Büros und im Erdgeschoss eine Bar und ein Café.

Mit ihrem auffälligen weißen Dach lässt sich die 1999 eröffnete Hightech-Attraktion **Our Dynamic Earth** nicht verfehlen. Dieses supermoderne Zentrum stellt dank vieler Spezialeffekte die Erdgeschichte dar. Sie können ein simuliertes Erdbeben erleben, einen Gleitflug über eine Gletscherlandschaft unternehmen und einen tropischen Wolkenbruch genießen.

Brücken und weitere Museen

Die Altstadt liegt stufenförmig an einem Hügel. Die verschiedenen Bereiche sind untereinander mit steilen Gassen und Treppen verbunden. Im 19. Jh. wurden Viadukte und Brücken erbaut, um die beidseitig der Royal Mile gelegenen Senken zu überspannen. Auf Rundgängen bieten sich immer wieder überraschende Ausblicke.

Vom Lawnmarket aus gelangt man auf die George IV. Bridge. Unter ihr verläuft das Cowgate, das in den etwas breiteren **Grassmarket** übergeht. Sobald sich ein Sonnenstrahl hervorwagt, herrscht hier auf den Terrassen der Cafés und Pubs fast mediterrane Stimmung. In der Nähe des südlichen Endes der George IV. Bridge, neben der Candlemaker Row, erhebt sich die **Greyfriars Kirk** (1620), wo 1638 das National Convenant unterzeichnet wurde, ein Dokument, in dem sich die Unterzeichner gegenseitig das Festhalten an der Reformation zusicherten. Eine andere denkwürdige Szene spielte sich hier ab, wie eine Bronzestatue und ein Gedenkstein bezeugen: Ein treuer Vierbeiner harrte 14 Jahre lang bis zu seinem Tode 1872 am Grabe seines Herrchens aus.

In der Chambers Street befindet sich in einem eindrucksvollen modernen Gebäude, dessen zylindrischer Turm in honigfarbenem Sandstein einen architektonischen Akzent setzt, eines der schönsten neuen Museen Großbritanniens: das **Museum of Scotland**. Hier wird die Geschichte Schottlands von den Ursprüngen bis zur Gegenwart dokumentiert. Auch das Werk berühmter Zeitgenossen, etwa von Premierminister Tony Blair oder Filmstar Sean Connery, wird gewürdigt. Im angrenzenden viktorianischen Gebäude ist das **Royal Museum Project** untergebracht, dessen Hauptteil wegen eines umfassenden Um- und Ausbaus des Museums derzeit geschlossen ist (geplante Wiedereröffnung 2011).

North Bridge und South Bridge bilden eine einzige beeindruckende Straße, die von der High Street durchquert wird. Die South Bridge führt zum **Old College**, dem ältesten Teil der Edinburgher Universität, und zum Festival Theatre. In der Market Street unterhalb der North Bridge zeigt das **City Art Centre** eine ausgewählte Sammlung schottischer Kunst. Dort werden auch Sonderausstellungen veranstaltet.

Die Neustadt

Ab Mitte des 18. Jh. verfielen die Wohnhäuser der übervölkerten Altstadt zusehends. Die Stadtväter beschlossen, nördlich des Schlosses und des Nor' Loch eine elegante Neustadt zu erbauen. So musste über diesen Wassergraben zunächst eine Brücke geschlagen werden. Später wurde er trocken gelegt und in die Princes Street Gardens umgewandelt. Die Architekten James Craig und Robert Adam präsentierten einen schachbrettartigen Plan mit breiten Straßen und Reihenhäusern im damals modischen klassizistischen Stil. Bei der Erweiterung der Neustadt fügten spätere Stadtplaner *crescents* (halbmondförmige Straßen) und *circles* (runde Plätze) hinzu. So entstand das größte georgianische Viertel Großbritanniens.

Es war Craigs Eingebung, die **Princes Street** nur auf einer Seite zu bebauen. Sie erstreckt sich gegenüber des Schlossbergs, jenseits der großzügigen Parkanlagen (East und West Princes Street Gardens) gegen Norden. Der Blick auf diese Häuserfront ist beeindruckend, wenn man von einigen eher eintönigen Ladenfassaden absieht.

Im Nordosten der Grünanlagen (East Princes Street Gardens) steht das majestätische gotische **Scott Monument**, das den Schriftsteller selbst, seinen Hund, 64 Figuren aus seinen Werken und 16 schottische Autoren darstellt. Über 287 Stufen gelangt man in die Spitze des Denkmals hinauf, wo man mit einem schönen Blick belohnt wird.

Durch die Anlagen führt der Mound, eine Aufschüttung, die aus dem Bauschutt der Arbeiten in der Neustadt entstand. Dort befinden sich dicht nebeneinander zwei klassizistische Kulturtempel. Die **Royal Scottish Academy** zeigt Wechselausstellungen einheimischer Kunst. Die **National Gallery of Scotland** dagegen besitzt eine kleine aber feine Sammlung europäischer Gemälde. Raffael, Tizian, Vermeer, Velázquez, Van Gogh und andere sind hier vertreten, aber auch englische Meister wie Turner, Gainsborough, Reynolds und der Schotte Henry Raeburn.

Parallel zur Princes Street verläuft die elegante Ost-West-Achse der Neustadt, **George Street**, an deren östlichem Ende der **St. Andrew Square** liegt. In diesem Gebiet errichteten die meisten Großbanken und Versicherungsgesellschaften ihre Marmorpaläste; in einigen sind nun Restaurants und Bars untergebracht.

Der **Charlotte Square** am Westende der George Street, nach Plänen von Robert Adam 1791 angelegt, ist ein wahres städtebauliches Meisterwerk. Er begrenzte einst die Neustadt. Bute House (Nr. 6) ist heute die Adresse des schottischen Premierministers. Die Landesstiftung National Trust for Scotland ließ das Georgian House (Nr. 7) restaurieren und im Untergeschoss im Stil des Baujahres 1796 mit viel Liebe zum Detail möblieren. Bestaunen Sie im Speisezimmer, der Küche und im Weinkeller nicht nur all das Silber, die Gemälde, Möbel und die alten Küchenutensilien, sondern werfen Sie auch einen Blick in das Schlafzimmer mit den damals gebräuchlichen medizinischen Apparaten und Medikamenten. (Der Hauptsitz der Stiftung befindet sich in der

Nr. 28 neben dem Restaurant *Taste of Scotland*.)

Wie in der Princes Street sahen James Craigs Pläne für die Nordseite seines neuen Viertels ebenfalls nur eine einseitige Bebauung vor. Somit besitzen die Häuser an der **Queen Street** eine herrliche Aussicht auf den Forth und darüber hinaus. Die **National Portrait Gallery** unterhalb des St. Andrew Square illustriert die Geschichte Schottlands mit Porträts der Bewohner – von Bonnie Prince Charlie und Maria Stuart bis zum Philosophen David Hume und Alex Ferguson, dem früheren Trainer der *Manchester United*.

Der Botanische Garten

Im rund 30 ha großen, sorgfältig angelegten Royal Botanic Garden 2 km nördlich des Zentrums taucht man in eine Welt der Farben und Formen ein. Hier blühen Azaleen und Rhododendren, majestätische Eichen, Linden, Eschen und Ahornbäume strecken ihre Kronen himmelwärts, und in Felsengärten wird eine Sammlung mit Gebirgspflanzen gepflegt. Schöne viktorianische Gewächshäuser beherbergen exotisches Grünzeug, ein chinesischer Garten und ein Arboretum laden ebenfalls zum Verweilen und Flanieren ein.

Leith

Edinburghs Hafen liegt 3 km nordöstlich der Stadt am Firth of Forth (der Mündungsbucht des Flusses Forth). Der Name der Straße Leith Walk lässt vermuten, es handle sich um eine Flaniermeile – und genau das ist es auch. Bis vor Kurzem wagten sich wenige Besucher in das Gebiet, da Leith ein heruntergekommener Stadtteil mit schäbigen Straßen und baufälligen Docks war, doch nun hat sich die Atmosphäre durch die Renovierung von Wohn- und Geschäftshäusern vollständig verändert. Hier finden Sie jetzt sogar die besten Restaurants und gemütlichsten Bars. Zu den wichtigen Einkaufsmöglichkeiten zählt das Hauptlager der königlichen Schottentuchmacher (»Tartans«).

Als zusätzliche Attraktion lockt die ehemalige königliche Jacht *Britannia*, die nun frisch restauriert in Leith am Kai liegt und für Besucher zugänglich ist. (Eintrittskarten gibt es im Fremdenverkehrsamt.) Kreuzfahrtschiffe legen am angrenzenden Dock an, und nach einem kurzen Spaziergang Richtung Westen erreichen Sie den malerischen Fischerhafen **Newhaven**, der durch sein modernes Hotel und empfehlenswerte Fish-and-Chips-Restaurants zu neuem Leben fand.

ABERDEEN

»Granite City«

Aberdeen ist das kommerzielle Zentrum Nordost-Schottlands, und die Bewohner sind als arbeitsam bekannt. Typisch sind die massiven Steinbauten im Stadtkern. Der drittgrößte Fischereihafen Großbritanniens befindet sich hier, und die Ölförderung in der Nordsee spielt eine wichtige Rolle, selbst wenn die besten Zeiten vorbei sind. Aberdeen ist aber auch ein bedeutendes Bildungszentrum, eine beliebte Destination für Familienferien am Meer und ein Erholungsort für die Angestellten der 130 Ölbohrinseln vor der Küste.

Aberdeen, nach Edinburgh und Glasgow Schottlands drittgrößte Stadt, liegt an den beiden Flüssen Don im Norden und Dee im Süden. Westlich hinter ihr ragen die zerklüfteten Höhen der Grampian Mountains auf. Der in diesen Bergen abgebaute Granit lieferte nicht nur das Rohmaterial für die bedeutendsten Bauten, sondern war auch ein lukratives Element im Überseehandel – was Aberdeen seinen Übernamen »Granite City« eintrug.

Die Stadt besteht aus zwei Teilen: Im alten Aberdeen befindet sich das akademische Viertel mit seiner dörflichen Atmosphäre, im neuen Teil liegen die Geschäfts- und Einkaufsgegenden mit dem Hafen.

Ein lang gestreckter Sandstrand mit einer Esplanade und Golfplätzen säumt die unversehrte Küste. Zum Glück wurden die unansehnlichen Pipeline-Terminals und Raffinerien weiter oben angesiedelt. Im Hafen, an der Mündung des Dee, wurden einst Tausende von Tonnen Fisch pro Tag umgeschlagen sowie die Schiffe für den Export von Granit, Chemikalien und Bier geladen. Heute hat allerdings Peterhead, früher Englands wichtigster Walfanghafen, die Führungsrolle in der schrumpfenden Fischindustrie der Ostküste übernommen.

Die meisten Schiffe, die in Aberdeen anlegen, leisten Zubringerdienste für die großen Ölbohrinseln vor der Küste, doch nicht einmal sie haben die Delfine in den Flussmündungen vertreiben können.

Die Unterkunftsmöglichkeiten der Stadt mussten ausgebaut werden, um den stetigen Zustrom der Nordsee-Ölarbeiter aufzunehmen. Dies schafft für die Tausenden von Touristen, die jeden Sommer nach Aberdeen kommen, eine internationale Atmosphäre. Der Heliport, einer der größten der Welt, ist spezialisiert auf Pendelflüge zwischen den Bohrinseln und dem Festland.

Sehenswürdigkeiten

In **New Aberdeen** (auch Central Aberdeen) sollten Sie Ihren Rundgang in der **Union Street** beginnen. Diese großartige Geschäfts- und Einkaufsstraße ist von stattlichen Granitgebäuden flankiert und zieht sich über mehr als 1 km durch die Stadt.

An ihrem östlichen Ende geht sie in die **Castlegate** über, die eher ein Platz als eine Straße ist. Einst bildete sie den Zugang zum (längst zerstörten) Schloss auf dem Hügel dahinter. Mitten auf der Castlegate steht das hübsche **Mercat Cross**, das Marktkreuz (1686) aus rotem Sandstein, das mit Porträts der schottischen Könige verziert und von einem Einhorn aus weißem Marmor gekrönt ist.

Im Norden können Sie den Turm und die Spitze des alten **Tolbooth** ausmachen. Im heutigen **Rathaus**, dem Sitz des Stadtrates von Aberdeen, befand sich früher ein Gefängnis. Das von einem Glockenturm überragte Rathaus beherbergt in seinem Archiv die alten Chroniken und Urkunden der Stadt.

In einem Hof an der Broad Street, hinter dem St. Nicholas House, finden Sie das **Provost Skene's House** (1545), das älteste Wohnhaus Aberdeens, jetzt ein mit der Eleganz des 17. Jh. ausstaffiertes Museum. Der Herzog von Cumberland stieg hier auf seinem Weg nach Culloden ab, wo er den Schotten eine vernichtende Niederlage beifügte.

Im imposanten neugotischen **Marischal College** auf der anderen Seite der Broad Street ist heute ein ausgezeichnetes Museum für Anthropologie untergebracht (derzeit wegen Umbaus bis voraussichtlich 2010 geschlossen). 1860 wurden das Marischal College und das King's College in Old Aberdeen zur Universität von Aberdeen zusammengelegt.

Von der **St.-Nicholas-Kirche** an der Union Street werden Sie im Sommer Konzerte des größten Glockenspiels in Großbritannien hören.

Wenn Sie zur Castlegate zurückkehren und die Shiprow-Straße zum Hafen entlanggehen, kommen Sie an einer weiteren alten Residenz vorbei, dem **Provost Ross's House** (1593) mit seinen für das 16. Jh. typischen Türmchen und Giebeln. Auch das **Aberdeen Maritime Museum** (Seefahrtsmuseum) befindet sich an der Shiprow.

Die Altstadt, **Old Aberdeen**, konnte ihren mittelalterlichen Charme bewahren: mit von Bäumen gesäumten Straßen, grünen Rasenflächen, Kopfsteinpflaster und alten Häusern, die vom Turm des King's College und den steinernen Zwillingstürmen der Kathedrale St. Machar's überragt werden.

Bischof Elphinstone gründete 1494 das **King's College**. Der **Kronenturm** wird von einer markanten Spitze abgeschlossen. Der Turm steht neben der **Kapelle**, die wegen der schönen gewölbten Holzdecke und den außergewöhnlichen Schnitzereien an der Wand und am Chorgestühl bemerkenswert ist.

Die **St. Machar's Cathedral** (15. Jh.) steht am Ort einer früheren normannischen Kirche. Der Legende nach soll der hl. Machar an dieser Stelle Aberdeen gegründet haben. Die massiven Granitmauern und das burgähnliche Äußere der Kathedrale, mit Öffnungen unter den Zinnen, aus denen man heißes Blei auf Invasoren hinuntergießen konnte, machen sie zu einem der besten Beispiele einer Festungskirche in Europa. Das Innere schmückt eine prachtvolle Decke aus dem 16. Jh. mit geschnitzten Wappen von Königen, Päpsten und Bischöfen.

Ein Spaziergang von der Kathedrale durch den **Seaton Park** bringt Sie zur berühmten **Brig o'Balgownie**, die 1329 erbaut wurde und mit einem einzigen gotischen Bogen den Don überspannt. Es ist die älteste begehbare Brücke Schottlands.

Ausflüge

Fahren Sie durch das liebliche Tal des **Dee** zum Königsschloss von **Balmoral**. Das Tal, das sich von Aberdeen bis zu den hohen Cairngorm-Bergen erstreckt, wird auch »Royal Deeside« genannt. Königin Viktoria verbrachte oft ihre Ferien auf dem Schloss, nachdem ihr Gemahl Albert den riesigen Landsitz 1852 gekauft und zum Herrensitz umgebaut hatte. Nur der Ballsaal und der Park sind von Anfang April bis Ende Juli öffentlich zugänglich (sofern die Königsfamilie nicht hier weilt).

Hinter Balmoral liegt mitten in majestätischer Landschaft **Braemar.** Jedes Jahr am ersten Samstag im September ist der Ort Schauplatz eines Festivals mit schottischer Musik, Tanz und sportlichen Wettkämpfen.

An der Straße von Aberdeen nach Balmoral liegt **Storybook Glen**, ein ca. 80 ha großes, von Märchenfiguren bevölkertes Parkareal. Weiter westlich am Dee kommt man zum **Crathes Castle** mit einer kunstvollen Gartenanlage. In den Hügeln nördlich des Dee steht **Craigievar Castle,** eines der schönsten Schlösser Schottlands (2009 wegen Umbaus geschlossen). Das schlanke fünfstöckige Gebäude (1626) mit Türmchen und Kuppeln ist ein Meisterwerk schottischer Architektur.

GLASGOW

Im Aufwind

Glasgow ist eine lebhafte, sich rasch verändernde Stadt mit einem vielfältigen kulturellen Angebot. Neben modernen Bauten besitzt sie auch mehrere historische Denkmäler. Dank seiner prachtvollen gotischen Kathedrale, drei Universitäten, zahlreichen Galerien und Museen – und nicht zuletzt wegen der in den 1980er- und 90er-Jahren durchgeführten umfassenden Sanierungsmaßnahmen ist Glasgow heute im Aufwind.

Im 18. Jh. wurden sich die Stadtväter der Bedeutung der Clyde-Mündung als Tor zur Neuen Welt bewusst. Sie ließen den von Lachsen wimmelnden kleinen Fluss ausbaggern, vertiefen und an seinen Ufern Werften errichten, die weltbekannt werden sollten.

Greenock am Firth of Clyde wuchs zu Schottlands bedeutendstem Hafen heran und wurde bald von den wichtigsten Amerikadampfern angelaufen. Glasgow, etwas weiter flussaufwärts, aber ebenfalls mit dem Schiff erreichbar, entwickelte sich zur größten und reichsten Stadt Schottlands. Im 19. Jh. ließen Unternehmer hier einige der schönsten viktorianischen Villen und stattlichen Gutshäuser Großbritanniens bauen, in denen sich das gesellschaftliche und kulturelle Leben abspielte. Es war die Epoche von Charles Rennie Mackintosh, Glasgows bekanntestem Architekten und brillantem Designer. Nach dem 1. Weltkrieg war es vorbei mit dem Wohlstand, und der Name Glasgow war gleichbedeutend mit grauen und tristen Slums. Bis 1980 kümmerte die Stadt dahin, als eine Bürgerinitiative mit dem Slogan *Glasgow's Miles Better* (»Lasst Glasgows Straßen wieder erstrahlen«) auf den Plan trat. Die Ruß- und Schmutzschichten wurden von den Fassaden entfernt, und bald erstrahlte die Schönheit ihres rötlichen Sandsteins neu. Ehemalige Lagerhallen wurden in Galerien, Theater und Museen verwandelt. Die Mühe lohnte sich. Glasgow hat es geschafft, die Wirtschaftskrise zu überwinden, den Staub abzuschütteln und als erstaunlich lebenswerte Stadt wieder aufzuerstehen.

Greenock und Glasgow bilden das Tor zum schottischen Hochland, zu den Halbinseln und den der Küste vorgelagerten Inseln. Gegen Norden und Westen finden Sie kahle, felsige Schluchten und zahlreiche Seen (Lochs); zu den nächstgelegenen zählt der berühmte Loch Lomond. Ausflüge südwärts führen durch Ayrshire, die Heimat von Robert Burns, dem schottischen Nationaldichter.

Geschichtlicher Überblick

6.–15. Jh.

Glasgows Anfänge gehen vermutlich auf das 6. Jh. zurück, als der hl. Mungo – ein christlicher Missionar und der spätere Schutzheilige der Stadt – hier eine Kirche errichten lässt. Die Siedlung wächst und erhält 1175 die Stadtrechte. 1238 beginnt man mit dem Bau der Kathedrale, 1451 wird die Universität gegründet. Die Stadt entwickelt sich zu einem bedeutenden religiösen und akademischen Zentrum.

16.–18. Jh.

1561 besteigt die Katholikin Maria Stuart den Thron, doch sie scheitert an den Unruhen der Reformation. Nach der Schlacht von Langside (1568) verliert sie Krone und Reich. Marias Sohn, als Jakob VI. König der Schotten, wird nach dem Tod Elisabeths I. im Jahre 1603 als Jakob I. König von England. Die Union zwischen Schottland und England ermöglicht es Schottland, von den Kolonialmärkten in Übersee zu profitieren. Glasgow entwickelt sich zu einem bedeutenden Hafen und treibt mit Virginia Tabakhandel. 1770 lässt man den Fluss Clyde ausbaggern; Glasgow und Greenock werden zu Seehäfen ausgebaut. Dank seiner Werften übersteht Glasgow den auf den Amerikanischen Unabhängigkeitskrieg folgenden Zusammenbruch des Tabakhandels. Im Zuge der Industriellen Revolution entwickeln sich Textil- und Chemieindustrie.

19. Jh.

1811 ist Glasgow nach London die zweitgrößte Stadt des britischen Empires. Von 80000 Einwohnern im Jahre 1801 wächst die Bevölkerung innerhalb eines Jahrhunderts auf über 700000 an. 1842 wird der Botanische Garten angelegt, 1888 das Rathaus eingeweiht und 1896 die U-Bahn eröffnet. Der Architekt Charles Rennie Mackintosh (1868–1928) begründet den schottischen Jugendstil.

20.–21. Jh.

Große Ozeandampfer werden auf dem Clyde erbaut, darunter die *Queen Mary* und die *Queen Elizabeth,* deren Nachfolge 1969 die *Queen Elizabeth 2* und 2004 die *Queen Mary 2* antreten. Im Übrigen ist das 20. Jh. vorwiegend eine Zeit des wirtschaftlichen Niedergangs und Verfalls für Glasgow. Erst die 1980er-Jahre bringen eine Veränderung; das Handelsviertel um die Hutcheson Street, die Merchant City, wird neu belebt, historische Bauten werden restauriert und alte Mietskasernen abgerissen. Die 1983 eröffnete Burrell Collection erlangt Weltruhm; zwei Jahre später wird das Schottische Ausstellungs- und Kulturzentrum eingeweiht. Glasgow macht 1990 als Kulturhauptstadt Europas, 1999 als Gewinnerin eines Architektur- und Designpreises und 2003 als Europäische Sporthauptstadt von sich reden.

Sehenswürdigkeiten

Greenock ist eine Industrie- und Hafenstadt und der Geburtsort von James Watt (1736–1819), dem Erfinder der Dampfmaschine. Sein Sohn errichtete 1837 in der Union Street das **Watt Museum**. Es beherbergt zwei Bibliotheken, eine Ausstellung und eine Kunstgalerie.

Das eindrucksvolle **Custom House** (Zollgebäude, 1818) am Ufer widerspiegelt die Seefahrervergangenheit der Stadt.

1940–45 war Greenock Marinestützpunkt des Freien Frankreich in Großbritannien. Das mächtige **Lothringer-Kreuz** aus Granit oberhalb der Stadt erinnert an die in der Atlantikschlacht gefallenen französischen Seeleute.

Passagiere, die in Greenock an Land gehen, sind aber in erster Linie an **Glasgow** interessiert, das nur 35 km flussaufwärts am Clyde liegt. Der Name wurzelt im Keltischen und bedeutet »geliebter grüner Ort«. Noch heute ist Glasgow dank seiner vielen Parks sehr grün, selbst im Zentrum.

Die prachtvolle gotische **Kathedrale** entstand im 13. Jh. an der Stelle von Mungos Zelle. Das Grab des hl. Mungo befindet sich in der Krypta. Hinter der Kathedrale sind in der **Nekropolis** die kunstvoll verzierten viktorianischen Grabmäler zu sehen. Das **St. Mungo Museum of Religious Life and Art** beherbergt Kunst- und Kultobjekte der Weltreligionen. Im Außenbereich gibt es einen buddhistischen Zen-Garten. Nicht weit davon befindet sich **Provand's Lordship** (1471), ein schönes Gebäude, das in seiner Vergangenheit u. a. als Priesterresidenz, Süßwarenladen, Fabrik und Haus des Henkers diente… Heute ist es ein Museum.

Westlich der Kathedrale wird der im Herzen Glasgows gelegene **George Square** von den **City Chambers**, dem Rathaus, dominiert. Das Gebäude mit dem goldenen Segelschiff auf seiner Spitze an der Ecke der West George Street ist die **Handelskammer**. Dieses Viertel gehört zur Merchant City, dem einstigen Handelszentrum, in dessen restaurierten Bauten aus viktorianischer und georgianischer Zeit heute Designer-Boutiquen einquartiert sind. Die 1802 von David Hamilton erbaute klassizistische **Hutcheson's Hall**, ursprünglich ein Hospiz, ist jetzt ein Besucherzentrum.

Die 1996 eröffnete **Glasgow Gallery of Modern Art** steht am Royal Exchange Square und ist in einem extravaganten Gebäude untergebracht, welches im 18. Jh. von einem Tabakhändler errichtet wurde. Das Konzept der Galerie basiert auf den Themen Erde, Feuer, Luft und Wasser; gezeigt werden nicht nur Werke schottischer Künstler, sondern auch Bilder und Skulpturen aus Mexiko, Äthiopien und Papua-Neuguinea.

Die **Glasgow School of Art** nordwestlich des Zentrums wurde von Charles Rennie Mackintosh im Alter von nur 28 Jahren entworfen; sein erfinderischer Stil kommt in Struktur, Materialien und Dekor zum Ausdruck. Kunststudenten bieten Führungen durch den Innenbereich dieses architektonischen Meisterwerkes an.

Etwas weiter nördlich steht das vom National Trust for Scotland geschützte **Tenement House** (1892), ein typisches Mietshaus aus der ersten Hälfte des 20. Jh., wo liebevoll präsentiert Inneneinrichtung und Alltagsgegenstände der ehemaligen Bewohnerin zu sehen sind.

Westlich der City befindet sich im Kelvingrove Park in einem monumentalen roten Sandsteingebäude die **Kelvingrove Art Gallery and Museum**. Zu den eklektischen Sammlungen des Museums gehören niederländische Maler des 17. Jh., französische Impressionisten, Vertreter der Barbizon-Schule, schottische Kunst, aber auch Silber, Keramik und archäologische Funde aus Ägypten.

Im **Hunterian Museum** sind die Kollektionen von William Hunter ausgestellt, einem Arzt des 18. Jh., der wissenschaftliche Instrumente, Münzen, Mineralien und vieles mehr sammelte. Das gotische Gebäude gehört zur Universität von Glasgow.

Die nahe **Hunterian Art Gallery** ist besonders bekannt für ihre Werke von James McNeill Whistler und Charles Rennie Mackintosh. Einige Räume bilden eine Replik des Wohnhauses von Mackintosh samt originaler Innenausstattung.

Der **Botanische Garten** besticht mit seinen gepflegten Rasenflächen, Blumenbeeten und Treibhäusern. Auch das Tropicarium, die zarten Orchideen und der Kräutergarten lohnen einen Besuch.

Südlich des Zentrums erhalten Besucher im **People's Palace** einen interessanten Einblick in die Geschichte Glasgows und seiner Bewohner. Man lernt dabei nicht nur berühmte Persönlichkeiten kennen, sondern auch den Alltag der einfachen Leute.

Ein Publikumsmagnet ist die **Burrell Collection** im Pollok Park, 5 km außerhalb Glasgows. Der elegante hochmoderne Bau beherbergt die vom schottischen Schiffbaumagnaten Burrell gesammelten Schätze aus vielen Jahrhunderten und Kulturkreisen.

Ausflüge

Helensburgh ist ein beliebtes Ausflugsziel am Nordufer des Clyde. Eine Büste ehrt John Logie Baird (1888–1946), einen Pionier des Fernsehens.

Gourock, im Westen von Greenock, besitzt einen verkehrsreichen Fährhafen. An der Klippenküste erhebt sich der 2 m hohe **Kempock Stone**, ein imposanter Monolith, um den sich etliche Legenden ranken. Von Greenock aus gibt es eine Schiffsverbindung zu den Inseln **Arran, Bute** und **Cumbrae**, wo Sie Ihrem Lieblingssport frönen können: Golf, Reiten, Fischen, Wandern. Tausende von Rhododendren und Azaleen blühen hier im Frühling; das milde, vom Golfstrom begünstigte Klima fördert das Wachstum vielfältiger subtropischer Pflanzen.

Mit rund 39 km Länge und 8 km Breite ist **Loch Lomond** das ausgedehnteste Binnengewässer Großbritanniens. Von seinen über 30 Inseln und Inselchen befinden sich die meisten in Privatbesitz, doch drei bilden ein Naturreservat. Höchst beliebt ist der See bei Wassersportlern. Der fast 1000 m hohe Ben Lomond überragt die andern Berge und vermittelt einen Vorgeschmack auf die rauen Highlands. Die *Maid of the Loch*, der letzte britische Raddampfer, liegt nach gründlicher Überholung nun in **Balloch** vertäut und steht dem Publikum als Restaurant und Bar offen.

Südlich von Greenock liegt das reizvolle Gebiet Ayrshire, zu dem auch **Burns Country** gehört, das »Land von Robert Burns«. Diese nach Schottlands Nationaldichter Robert Burns (1759–1796) benannte Gegend beginnt in **Alloway**, einem Vorort der blühenden Küstenstadt Ayr.

Im **Burns National Heritage Park** steht hier das sorgfältig erhaltene strohgedeckte Haus, in dem der Dichter seine ersten sieben Lebensjahre verbrachte, Das **Burns Cottage Museum** gleich daneben erläutert anhand einer Tonbildschau Leben und Werk des Lyrikers; danach können Sie auf dem 130 km langen Burns Heritage Trail ein Stück weit seinen Spuren folgen.

NORDSCHOTTLAND

HIGHLANDS • LEWIS
MULL • IONA • SKYE

Land der Lochs

Für viele Besucher sind die Highlands der Inbegriff Schottlands. Sie betrachten Orte wie Edinburgh und Glasgow, ja selbst die beliebtesten Inseln, nur als Zuckerguss auf dem Kuchen, während das wahre Schottland – grüne Berge und nebelverhangene Täler, Torfmoore und raue Felszacken, silberblaue Lochs (Seen) und glitzernde Flüsse, in denen sich Forellen und Lachse tummeln – für sie nur im Hochland zu finden ist. Immerhin nehmen die auf drei Seiten von der Nordsee und vom Atlantik begrenzten Highlands zwei Drittel der Gesamtfläche Schottlands ein. Die einzigen größeren Städte sind Inverness und Fort William, und verglichen mit den Destinationen weiter südlich kommen wenig Besucher in diesen Landesteil. Genau das macht für die *aficionados* den Reiz der Highlands aus. Abgesehen von ein paar Touristenzielen wie Loch Ness konnte das Hochland seine Einsamkeit bewahren.

Hat man die Kette der Grampian Mountains überwunden, ist man bereits im Süden der eigentlichen Highlands. Wichtigster Hafen für die Überfahrt zu den Hebrideninseln und der Isle of Mull ist Oban an der Nordwestküste. Im Landesinnern nordöstlich davon liegt das idyllische Glencoe. Von dort geht die Reise entlang den Seen des Great Glen von Loch Linnhe bei Fort William über Loch Ness nach Inverness. Im Westen befindet sich die pittoreske »Straße zu den Inseln« (Skye und die Äußeren Hebriden), weiter nördlich folgen die Berge und fjordähnlichen Buchten von Wester Ross. Der Norden – mit dem nördlichsten Punkt des Festlands bei John o'Groats – ist wild und windgepeitscht, während an der Ostküste sanfte Weiden, Wälder und, um die Firths von Dornoch, Moray und Cromarty, lange Sandstrände warten.

Oban

Mit dem Aufkommen der Dampfschifffahrt und – später – der Autofähren, die vom Festland aus zu den Inneren und Äußeren Hebriden verkehren, entwickelte sich Oban zum größten Hafen der Westküste. Wer vor der Weiterreise ein wenig Zeit hat, sollte dem imposanten Wahrzeichen von Oban einen kurzen Besuch abstatten – der Nachbildung des römischen Kolosseums, die der Bankier John Stuart McCaig 1897 erbauen ließ, um arbeitslosen Steinmetzen eine Anstellung zu verschaffen und seiner

Familie ein Denkmal zu errichten (obschon die geplanten Statuen nie beendet wurden). Im Innern befindet sich nur ein grasbewachsener Hügel, doch der Aufstieg lohnt sich wegen der schönen Sicht auf die Stadt und die Bucht. Von Obans Hafen aus werden Rundfahrten durch die Bucht und zu den Inseln angeboten.

Glencoe

Das prachtvolle Tal in den Grampian Mountains eignet sich gut als Einstieg in die Highlands für Reisende, die von Glasgow kommen. Die idyllische Schönheit der Landschaft verstärkt die Tragik der Vorfälle, die sich hier vor über 300 Jahren ereigneten: 1692 wurden in der Fehde zwischen zwei Clans, den MacDonald und den regierungstreuen Campbell, 38 Mitglieder der MacDonald-Familie auf hinterhältige Weise umgebracht.

Die Straße biegt vom Sumpfgebiet Rannoch Moor nach Westen ab, durchquert Glen Etive und folgt dann dem River Coe, vorbei am 1022 m hohen Buachaille Etive Mór (»großer Hirte von Etive«) mit seiner unverwechselbaren Pyramidenform. In **Glencoe** am Westende des Tals lohnt das neue Visitor Centre einen Besuch. Die Besteigung des Buachaille ist erfahrenen Bergsteigern vorbehalten, doch gibt es viele einfachere Wanderwege, auf denen man die Landschaft und die Geschichte des Tals entdecken kann.

Ein Spaziergang durch den Wald zu den beiden Felsvorsprüngen **An Torr** und **Signal Rock** dauert nur eine halbe Stunde. Von An Torr aus genießt man einen schönen Blick talaufwärts und zu den Ruinen des Sommersitzes eines Clanführers. Der Signal Rock, der von überall im *glen* gut sichtbar ist, diente vermutlich in früherer Zeit als Signalstation, um vor Gefahr zu warnen.

Devil's Staircase, die »Teufelstreppe« gehört zur aufgelassenen Militärstraße nach Kinlochleven, die in harter Arbeit von Regierungstruppen errichtet wurde. Der Weg beginnt neben dem Altnafeadh Cottage, 10 km östlich vom Besucherzentrum und folgt dem ausgetretenen Zickzackpfad zum Gipfel. An diesen Pfad schließt ein weiterer Wanderweg an, der West Highland Way von Glasgow bis Fort William.

Fort William

Die 1655 zu Ehren Wilhelms von Oranien gegründete Garnisonsstadt ist dank ihrer schönen Lage am Ufer des Loch Linnhe und der Nähe zum Ben Nevis beliebt. Im West Highland Museum am Cameron Square erhält man eine lebendige Einführung in Geschichte und Alltag der Region.

Auf dem Loch Linnhe kann man Bootstouren unternehmen, und die Dampfloks des Jacobite Steam Train entlang dem Loch Eil bieten eine 2-stündige Fahrt durch einzigartige Landschaften. Dieser Zug spielte in den Harry-Potter-Filmen die Rolle des »Hogwarts Express«.

Großbritanniens höchster Berg **Ben Nevis** (1344 m) ist beliebt, hat aber seine Tücken. Auf dem Gipfel kann zu jeder Jahreszeit Schnee fallen; deshalb sollten Bergsteiger auch im Sommer gut ausgerüstet sein und sich an die beschilderten Wege halten. Für »Nicht-Alpinisten« beginnt die Wanderung in der Achintree Farm, südöstlich von Fort William im Glen Nevis. Ungeübte Wanderer sollten ca. 5 Stunden für den Aufstieg und 3 Stunden für den Abstieg einplanen. An klaren Tagen bietet sich von oben eine einmalige Aussicht, besonders Richtung Süden zu den Gipfeln des Glencoe.

Road to the Isles

Die »Straße zu den Inseln«, ein 80 km langer Abschnitt der Fernstraße von Fort William nach Mallaig, führt durch einige der schönsten Landschaften der Highlands. Sie zieht sich entlang dem gebirgigen Nordufer des Loch Eil zur Arisaig-Halbinsel und dann nordwärts Richtung Mallaig.

In **Glenfinnan**, einer bezaubernden Stelle am Kopfende des Loch Shiel 30 km westlich von Fort William war es, wo Bonnie Prince Charlie (der Sohn von Jakob VII.) an einem strahlenden Tag im August 1745 seine rot-weiße Seidenkokarde erhob – als Signal zum Jakobitenaufstand. Die Kampagne endete acht Monate später in Culloden in einer blutigen Niederlage.

Das Glenfinnan Monument über dem Loch erinnert an die Gefolgsleute des Prinzen, die im Kampf umkamen. Im Besucherzentrum erfährt man alle Einzelheiten. Wer mit dem Zug aus Fort William ankommt, hat einen guten Blick auf das imposante, 380 m lange Glenfinnan-Viadukt (1901), das sich um das obere Ende des River Finnan-Tals herumwindet. Der Bahnhof dient gleichzeitig als Eisenbahnmuseum; dieses ist von Juni bis Mitte Oktober geöffnet.

Von **Arisaig** aus kann man zu den Inseln Muck, Eigg und Rhum übersetzen oder die Sandstrände an der Bucht genießen. Hier lernte Robert Louis

Stevenson Long John Silver kennen, einen einäugigen Mann mit Holzbein, der mit dem Bau eines von Stevensons Vater entworfenen Leuchtturms beauftragt war – er ließ ihn in seinem Roman *Die Schatzinsel* als Pirat auftreten.

Mallaig am Ende der Road to the Isles ist ein geschäftiger Fischerhafen, von dem die Fähren zur Insel Skye und den Äußeren Hebriden ablegen.

Inverness und Umgebung

Inverness (über 66 000 Einwohner), die Hauptstadt und das wichtigste Eingangstor der Highlands, liegt am Nordende des Great Glen. Erstaunlicherweise wurde es erst Ende 2000 zur Stadt erklärt.

Das **Marktkreuz** vor dem neugotischen Rathaus (19. Jh.) in der High Street beweist, dass hier einst das Herz der Stadt schlug – an dessen Stelle nun eine verkehrsfreie Einkaufszone getreten ist. Über allem erhebt sich das **Schloss** aus rotem Sandstein; der jetzige Bau entstand größtenteils im 19. Jh. an der Stelle früherer Festungen. Inverness Castle dient heute als Verwaltungsgebäude. Das **Stadtmuseum** am Castle Wynd unterhalb des Schlosses ist der Geografie, Geschichte und Folklore gewidmet. Nördlich vom Rathaus steht in der Church Street das älteste Gebäude der Stadt, **Arbertarff House** (1593). Es wurde restauriert und beherbergt nun eine Galerie für zeitgenössische schottische Kunst.

Der **Caledonian Canal** wurde von Thomas Telford zu Beginn des 19. Jh. entworfen, um die Ost- und Westküste der Highlands miteinander zu verbinden; heute dient die Wasserstraße für gemütliche Bootsfahrten zum Loch Ness. Nicht weit von hier bietet der **River Ness** Gelegenheit, Lachse zu angeln oder auf den durch Fußgängerbrücken verbundenen Ness Islands zu wandern.

Strathpeffer, ein vornehmer viktorianischer Kurort 20 km nördlich von Inverness, lockt Besucher sowohl mit Wanderungen in den waldigen Ausläufern des Ben Wyvis als auch mit seinen heilkräftigen Schwefelquellen.

Richtung Nordosten führt der Weg über Dingwall nach **Alness** und **Invergordon**. Alness ist für die alteingesessenen Whiskybrennereien Dalmore und Teaninich bekannt. Invergordons Hafen, einst eine wichtige Militärbasis, dient heute vor allem der Erdölindustrie: Von hier aus werden die Bohrinseln in der Nordsee versorgt.

Von Inverness Richtung Osten erreicht man das Schlachtfeld **Culloden Moor**, wo am 16. April 1746 etwa 1500 Highlanders im Kampf gegen die Engländer starben. Die Positionen der beiden Armeen sind mit Flaggen angezeigt, schlichte Grabsteine schmücken die letzte Ruhestätte der Clansleute. Als Field of the English bezeichnet man die Stelle, wo etwa 50 englische Soldaten begraben sind. Neben einer restaurierten Bauernkate, dem Leanach Cottage (18. Jh.), befindet sich das Besucherzentrum.

Obschon **Cawdor Castle** (östlich von Culloden) mit seinen Türmchen, Giebeln, dem Wehrturm, dem Verlies, den Geheimgängen und den Wendeltreppen einen idealen Rahmen für ein blutiges Drama abgibt, war es nicht der Schauplatz des Mordes von Macbeth an König Duncan. Richtig ist aber, dass Macbeth *Thane* (Lehnsmann) von Cawdor war.

Das Schloss wurde im 14. Jh. erbaut – 300 Jahre nach Macbeths Tod; im 19. Jh. ließ man es sorgfältig restaurieren. Besonders schön sind die Gartenanlagen mit einem Labyrinth und Naturpfaden, die durch die Wälder führen.

50 km südöstlich von Inverness liegt **Aviemore**, Großbritanniens bedeutendster Wintersportort mit einer spektakulären Bergkulisse. Das Skigebiet hoch über dem Loch Morlich erreicht man mit der Cairn-Gorm Mountain Railway (2001 eröffnet). Im **Glenmore Forest Park** leben noch Rentiere. Im Sommer verwandeln sich die erstklassigen Langlaufloipen in herrliche Wander-, Rad- und Reitwege. **Loch Morlich** bietet gute Möglichkeiten zum Kanufahren, Windsurfen und Segeln, und im River Spey kann man Lachse und Forellen angeln.

Loch Ness

Auf jeden Fall ist es ein sehr schöner See. Selbst wenn in dem längsten der vier Lochs, die sich im Grabenbruch des Great Glen zwischen Fort William und Inverness aneinander reihen, kein Ungeheuer leben sollte, so wäre Loch Ness dennoch einen Besuch wert. Das 36 km lange und bis zu 240 m tiefe Gewässer bildet Großbritanniens größtes Frischwasserreservoir. Die meisten Bustouren führen nach Fort Augustus am Südwestende des Sees; auf der Strecke liegen Drumnadrochit – der »Monster-Beobachtungspunkt« in der Ruine von Urquhart Castle (14. Jh.) mit Souvenirshops und dem modernen **Loch Ness 2000 Exhibition Centre** – und das hübsche Dorf Invermoriston. Bootsfahrten auf dem See können in Drumnadrochit gebucht wer-

Nessie lässt sich eigentlich gar nicht gerne fotografieren…

Ungeheuerlich

Die ersten Beschreibungen von »Nessie« gehen auf das 6. Jh. zurück, als der hl. Columban das Biest gebändigt haben soll. Im Verlauf der Jahrhunderte berichteten Einheimische über eigenartige Wesen, die sich im See tummelten, besonders bei Vollmond. Die Erscheinungen des Ungeheuers nahmen schlagartig zu, als in den 1930er-Jahren die Fernstraße A82 gebaut wurde. Man hat jedoch nie mehr als ein Monster beobachtet, was bedeutet, dass Nessie – mit dem wissenschaftlichen Namen *Nessiteras rhombopteryx* – entweder nie mit Partnern ausgeht oder ein einsamer Überlebender der ausgestorbenen Spezies Plesiosaurus ist; es wäre also mindestens 1400 Jahre alt. Die in Drumnadrochit gezeigten Fotografien und Filme haben sich nicht immer als authentisch erwiesen…

den. Wer nichts für Ungeheuer übrig hat, nimmt die einspurige Straße entlang der Ostküste, die einen schöneren Blick bietet und weniger überlaufen ist. In **Dores** kann man landeinwärts abbiegen und nach Südosten bis zum zauberhaften Loch Mhor fahren; der Rückweg nach Fort Augustus führt durch die Wälder. Das Fort wurde im 19. Jh. durch eine (seither aufgehobene) Benediktinerabtei ersetzt. Dafür kann das Dorf die ansehnlichste Statue des Ungeheuers von Loch Ness für sich in Anspruch nehmen.

Glen Shiel

Von Loch Ness aus führt eine Fernstraße nach Westen über Fort Augustus oder Inveriston bis zur A87, einer beliebten malerischen Route, auf der man durch das schöne Glen Shiel zum Dorf Kyle of Lochalsh mit der mächtigen Skye Road Bridge gelangt. Mehrere Wanderwege laden in dieser Gegend zu außergewöhnlichen Rundgängen auf den Berggraten ein; am bekanntesten sind Five Sisters Traverse nördlich von Glen Shiel und Kintail Ridge im Süden (Ausgangspunkt ist das Cluanie Inn am Westende des Loch Cluanie). Nach zum Teil anstrengenden Aufstiegen folgen oben gemütlichere Strecken.

Das vor einer Bergkulisse westlich des Glen Shiel am Nordufer des Loch Duich stehende **Eilean Donan Castle** entspricht genau den Vorstellungen vom romantischen Schloss. Man gelangt über eine schmale Steinbrücke zur Festung am Wasser. Die Burg wurde im 13. Jh. als Bollwerk gegen Wikingerangriffe erbaut. 1719 ließen die Engländer sie sprengen, und im 20. Jh. wurde sie restauriert – und als Kulisse für den Film *Highlander* und einen James-Bond-Film genutzt.

Wester Ross

Die traumhafte unberührte Region der Westküste (»Ross« bedeutet Landspitze) besteht aus gebirgigen Halbinseln, die durch fjordähnliche Lochs getrennt sind. Wester Ross erstreckt sich von Lochcarron nach Ullapool, wo die Fähren zu den Äußeren Hebriden und dem einsamen Fischerdorf Achiltibuie ablegen.

Die 30 km lange Fahrt von Lochcarron über die **Applecross Peninsula** kann einem den Atem rauben. Eine steile Straße führt nach Westen zum Bealach na Bà (»Rinderpass«) hinauf. Der Weg führt über haarsträubende Spitzkehren und zwischen einschüchternden Felsvorsprüngen hindurch bis auf 626 m Höhe – Sie befinden sich hier auf Schottlands höchster asphaltierter Straße.

Das Dorf **Applecross** am Meeresufer, wo der irische Mönch Maelrubha (oder Molroy) während seinem Missionszug zu den Pikten 673 ein Kloster errichtete, ist ein friedlicher Ort mit weiß getünchten Häuschen, die sich um das einladende Inn und die B&B-Unterkünfte drängen. In der Bucht sind Robben und mitunter Delfine zu sehen.

Vom reizenden Fischerhafen Shieldaig aus zieht sich die Straße entlang dem Südufer des **Loch Torridon** auf das Gebirge zu. Die höchsten Gipfel sind Liathach (1054 m) und Beinn Alligin (984 m). Die roten Sandsteinhänge mit ihren Spitzen aus weißem Quarzit bilden eine dramatische Kulisse für das Dorf Torridon.

Loch Maree nördlich von Torridon – mit seinen waldigen Inseln und Naturschutzgebieten einer der schönsten Seen der Highlands – erreicht man am besten vom Dorf Kinlochewe aus. **Beinn Eighe** am Südufer des Sees war Großbritanniens erstes staatliches Naturschutzgebiet. Im Besucherzentrum kann man sich über die in den Wäldern lebenden Baummarder, Rotwild, Wildkatzen und Berghasen informieren und über die Alpenpflanzen, die in höheren Lagen gedeihen. Vogelliebhaber halten Ausschau nach Steinadlern, Sperbern, Turm- und Wanderfalken. Rund um die Inseln im Loch Maree tummeln sich Delfine, Robben und Fischotter.

Gairloch ist dank seinen Sandstränden, Bootsausflügen und einem guten Golfplatz im Sommer einer der beliebtesten Ferienorte in Wester Ross. Das Gairloch Heritage Museum gewährt Einblick in die Archäologie, Geologie und Folklore der Region.

Loch Ewe genießt wegen des Golfstroms ein ausgesprochen mildes Klima, und daher gedeihen im **Inverewe Garden** Pflanzen aus aller Welt. Die 20 ha große Gartenanlage, die man auf einem verschlungenen Netz von Wegen durchwandert, umfasst Rhododendren und Azaleen, erstaunliche Blumenrabatten, Pflanzen aus Neuseeland, China, Japan, dem Himalaya, Nord- und Südamerika... Der Landeigentümer Osgood Mackenzie ließ den Garten im 19. Jh. anlegen; es war nötig, dem Meer Land abzugewinnen und Erde aus Irland zu importieren. Der üppige Pflanzenreichtum bildet einen starken Kontrast zur rauen Felsküste, die an das vom National Trust for Scotland verwaltete Gut anschließt.

Überquert man die Halbinsel von Inverewe aus Richtung Norden, kommt man zum Dörfchen Laide, einem idealen Ausgangspunkt für die Erkundung der einladenden Sandbuchten der Umgebung: **Mellon Udrigle** im Norden und **Opinan** im Süden.

Die grandiose **Corrieshalloch Gorge**, eine 1,5 km lange und 61 m tiefe Schlucht, liegt südlich von Braemore. Zu beiden Seiten des Abgrunds wachsen aus dem Fels verschiedene Bäume und blühende Sträucher. Der River Broom, der sich in den **Wasserfällen von Measach** 46 m in die Tiefe stürzt, kann gewöhnlich von der im 19. Jh. erbauten Hängebrücke aus oder von einer Aussichtsplattform bewundert werden.

Ullapool wurde nach genauen Reißbrettplänen von Thomas Telford entworfen, um den Boom der Heringfischerei zu nutzen.

Das 1788 am Loch Broom gegründete **Ullapool**, von dem die Fähren nach Stornoway und zu den Äußeren Hebriden ablegen, ist ein geschäftiger Fischerhafen. Von hier aus kann man Wanderungen in die Glens und Berge der Umgebung unternehmen oder Ausflüge auf dem Loch Broom, in der Annat Bay und zu den unbewohnten Summer Isles vor der Küste.

Nordküste

Die Landschaft, die die Straße nördlich von Ullapool auf dem Weg in den hohen Norden Großbritanniens durchquert, gehört zu den spektakulärsten Schottlands: ausgezackte Gipfel, die aus dem Moorland aufragen, malerische Ortschaften in abgeschiedenen Tälern, Fischerdörfchen an stillen Sandbuchten. Biegen Sie beim Loch Assynt nach Westen ab; der See erstreckt sich auf einer Länge von 10 km von den Gipfeln des Beinn Gharb im Süden zum Quinag im Norden. Westlich davon liegt der lebhafte Hafen **Lochinver**, ein beliebter Treffpunkt für Angler.

Die einspurige Küstenstraße (mit faszinierenden Steilwänden und Felssäulen vor der Küste) führt nach Kylesku, wo eine moderne Straßenbrücke die Mündungen von Loch Glencoul und Loch Glendhu überspannt. Weiter nördlich liegt der Fischerhafen **Kinlochbervie**, von wo man Oldshoremore und Blairmore mit ihren Stränden erkunden kann; besonders schön ist Sandwood Bay. Von Kinlochbervie verläuft die Straße durch das Kleinpächterdorf Durness, von dem aus Wanderer das wilde **Cape Wrath** ansteuern – die äußerste Stelle des Festlands im Nordwesten.

Thurso ist die einzige stadtähnliche Siedlung an der Nordküste. Neben der St. Peter's Church kann man hier das moderne Museum Caithness Horizons in der alten Stadthalle besuchen, das Ausstellungsstücke des ehemaligen Heritage Museums und Exponate zu Archäologie und Geologie umfasst. Auch die Touristeninformation befindet sich hier. Vom Fährhafen Scrabster aus gibt es Verbindungen zu den Orkney-Inseln.

Die unbedeutende Ortschaft **John o' Groats** an der Nordostspitze des britischen Festlands liegt 1398 km von Land's End an der Südwestspitze von Cornwall entfernt. Hier laden das »Last House« und sein kleines Museum zum Besuch ein.

Der nördlichste Punkt des schottischen Festlands ist **Dunnet Head** mit einem Leuchtturm und militärischen Bauten; weiter östlich in **Duncansby Head** gibt es eine grandiose Steilküste und Felsformationen zu bewundern.

Lewis

Vor der Nordwestküste Schottlands liegt eine vom Atlantik zerzauste Inselgruppe – die vom Festland durch den Minch abgetrennten Western Isles, auch als »Äußere Hebriden« bekannt. Die rauen Landschaften gehören zu den schönsten Westeuropas. Nur zwölf der über 20 Inseln sind bewohnt, die größte setzt sich aus zwei Teilen zusammen: Lewis im Norden und Harris im Süden (der Heimat des berühmten Harris-Tweed). Hier sind die Straßenschilder in Gälisch beschriftet, aber Englisch wird überall verstanden.

Auf Lewis gibt es wenig bebaubares Land und kaum Bäume; über dem Lewis-Gneis liegt nur eine dicke Schicht Torf. Der Golfstrom hält zwar Schnee und Frost fern, doch die Bewohner hüllen sich wie die Schafe fast das ganze Jahr in Wolle ein.

Klippen und Fjorde, Buchten und Sandstrände sorgen an der Küste für ein fantastisches Landschaftsbild, das sich nach jeder Wegbiegung ändert. Im Inselinnern ist die wellige Heide von forellenreichen Süßwasserseen (*lochs*) durchsetzt, auf der spärlichen Grasnarbe weiden Hochlandrinder. An der Atlantikküste von Harris liegen die so genannten *machair*: flache, von Wildblumen und Gras bedeckte Landstreifen, die von weißen Stränden aus Muschelscherben gesäumt sind.

In **Tarbert**, dem größten Ort auf Harris, legen die Fähren nach Skye und North Uist ab. Harris unterscheidet sich landschaftlich stark von Lewis: Während dort die sanften Hügel der Moorlandschaft vorherrschen, gibt es hier Berge, Felsen und tiefe Buchten.

Das schlichte, aber reizvolle **Stornoway** (etwa 8000 Einwohner) an der Ostküste von Lewis schmiegt sich in den geschützten Hafen, dem das Städtchen den Namen verdankt: Stornoway ist das altnordische Wort für »Ankerbucht«. Hier ist die größte noch aktive Fischereiflotte Schottlands beheimatet.

Das beeindruckendste Bauwerk ist **Lews Castle**, ein massiver viktorianisch-gotischer Bau (1847). Das Schloss war Hauptresidenz der Familie Matheson, bis Lord Leverhulme 1918 die Insel kaufte. Er vermachte das trutzige Gebäude 1923 den Einheimischen; im 2. Weltkrieg wurde es als Lazarett genutzt. Heute beherbergt es ein College, das als Teil der Universität des Hochlandes und der Inseln zunehmend an Bedeutung gewinnt. Die Gärten sind der Öffentlichkeit zugänglich.

Auf Lewis gibt es interessante Ausflugsmöglichkeiten. Nehmen Sie von Stornoway aus die Straße nach Norden, und fahren Sie dann nach Osten die Küste entlang zum **Butt of Lewis**. An klaren Tagen erkennt man die 65 km entfernten Gipfel des schottischen Festlandes.

Bei Gearrannan können Sie das **Blackhouse Village** besichtigen, ein typisches Bauerndorf. Die Häuser – ohne Fenster und Kamine – umgibt eine doppelte Steinmauer, die zur Isolierung mit Erde gefüllt ist. Gekocht wurde über einem offenen Torffeuer, mit dem man auch heizte. Die Rauchschwaden zogen durch das strohgedeckte Dach ab und hinterließen eine dicke Rußschicht – daher der Name *blackhouse*, »schwarzes Haus«.

Weiter südwestlich in **Carloway** stehen die Ruinen des 9 m hohen runden Wehrturmes *broch*, der auf das 4. Jh. v. Chr. zurückgeht, und nahe beim East Loch Roag befinden sich die in Kreuzform angeordneten **Standing Stones** von **Callanish**. Die 47 grauen Monolithe aus Lewis-Gneis sind älter als jene von Stonehenge und dienten möglicherweise zur Zeitberechnung und Sonnenverehrung. Im Zentrum eines Kreises aus 13 Felsblöcken befindet sich eine kleine Grabkammer. Eine doppelte Reihe von Steinen führt nach Norden, drei weitere verlaufen in die anderen Himmelsrichtungen.

Mull

Auf der gastfreundlichen Insel Mull wechseln reizvolle Fischerdörfer in geschützten Häfen mit ausgezackten Küstenstrichen, grünen Hügeln und kahler Moorlandschaft ab. Das gebirgige Inselinnere erreicht seinen höchsten Punkt mit dem Ben More (966 m). In Craignure an der Ostküste legt die Fähre aus Oban an, in Fishnish nordwestlich davon die aus Lochaline.

Eine Schmalspurbahn (Mull Railway) führt von Craignure südlich zum **Torosay Castle**, das 1858 errichtet und innen mit edwardianischem Mobiliar und viktorianischen Bildern ausgestattet wurde. Noch schöner als das Schloss selbst sind die ausgedehnten terrassierten Gartenanlagen mit Statuen des Italieners Antonio Bonazza (18. Jh.), die sich bis zum Meer hinunterziehen. Das vom Golfstrom beeinflusste milde Klima lässt die Pflanzen im Park – der einen japanischen Garten, einen alten Steingarten und einen Sumpfgarten umfasst – aufs Schönste gedeihen.

In **Tobermory**, der Hauptstadt im Nordwesten der Insel, reihen sich am Hafen Häuser, Läden, Hotels und Pubs, deren bunte Farben mit dem Rosa, Blau und Gelb der Jachten und kleineren Boote wetteifern. Blütenweiße Gebäude krönen den waldigen Hang hinter dem Hafen. Im 18. Jh. scheiterte das Vorhaben, aus Tobermory ein Zentrum der Heringsfischerei zu machen; doch die Inselhauptstadt scheint sich mit ihrer Rolle als Urlaubsort gut abgefunden zu haben. Im Museum von Mull in der Main Street erfährt man mehr über die Geschichte der Insel, während die winzige Brennerei Führungen und Kostproben des Single Malt anbietet. Ein Teil des Whiskys wird für die Pralinen der Tobermory Chocolate Company abgezweigt.

In Druimfin vor den Toren Tobermorys hat in einem modernen, eigens dafür erbauten Gebäude das **Mull Theatre** seinen Sitz. Das angeblich kleinste professionelle Theater Großbritanniens geht oft auf Tournee nach Edinburgh und Glasgow.

Ausflüge in die Natur bieten eine gute Gelegenheit, die Inselfauna kennenzulernen: Seeotter, Tümmler, Steinadler usw. Der Hebridean Whale and Dolphin Trust organisiert Walbeobachtungstouren.

Eine einspurige Nebenstraße zieht sich westlich von Tobermory durch eine zauberhafte Landschaft aus grünen Wiesen und blauen Seen, hügelauf- und -abwärts bis ins 12 km entfernte idyllische **Dervaig** am Loch a'Chumhainn. Beiderseits der 1799 angelegten Main Street von Dervaig stehen hübsche weiße Häuser. Die Kilmore Church zeichnet sich durch ihren spitzen Kirchturm aus.

Westlich von Dervaig liegt **Calgary**, ein winziges Dorf mit dem schönsten Strand der Insel, einem breiten Streifen weißen Sands an der Calgary Bay. Die bekannte kanadische Stadt Calgary wurde nicht von schottischen Emigranten besiedelt, sondern erhielt ihren Namen 1876 von einem Leutnant der North West Mounted Police, der das Gut seiner Vettern an der Calgary Bay besucht hatte.

Iona

Die Fähre legt am Pier des Hafens von **Baile Mór** auf der kleinen Insel vor der Südwestspitze Mulls an. Von dort strömen jedes Jahr Tausende von Pilgern zum **Kloster**, das der hl. Columban 563 hier gründete. Dieser irische Mönch soll Schottland und große Teile Nordenglands zum Christentum bekehrt haben. Die heutige Abtei nördlich des Hafens wurde um 1200 von Benediktinermönchen gestiftet und im 15. Jh. erneuert. Dank einer im 20. Jh. durchgeführten Restaurierung kommen der gotische Kreuzgang und die Kirche zur Geltung, besonders die schön verzierten Kapitelle im Chor und im südlichen Querschiff. Aus der Zeit des hl. Columban sind keine Spuren zu sehen, doch steht links vom Eingang zum Kloster ein Schrein für sein Grab. Auf dem Friedhof und in der St. Oran's Chapel wurden die schottischen Könige bis Macbeth (1057) beerdigt.

Auf die unbewohnte Insel **Staffa** westlich von Mull gelangt man mit der Fähre von Dervaig und dem Hafen Ulva Ferry aus. Staffa, vom nordischen Wort für »Säulen« abgeleitet, ist für seine Felswände aus schwarzem Basalt berühmt. Die beeindruckenden Säulen um die **Fingal's Cave** inspirierten Felix Mendelssohn zu seiner berühmten *Hebriden-Ouvertüre* (der Komponist hatte Staffa 1829 besucht) und William Turner zu einem Gemälde. Fingal war ein keltischer Sagenheld.

Bootsausflüge führen meistens auf die **Treshnish Isles** nordwestlich von Staffa, darunter **Lunga**, wo Papageitaucher, Lummen und Tordalken zu beobachten sind.

Skye

Skye ist die größte Insel der Inneren Hebriden, die der Nordwestküste Schottlands vorgelagert sind. Der Hauport **Portree** ist ein idealer Ausgangspunkt für Ausflüge in den Norden, Süden und Westen der Insel.

Das älteste Gebäude von Portree, das **Meall House** aus dem Jahre 1720, überblickt den Hafen.

Einer der schönsten Ausflüge von Portree aus führt auf einer 90 km langen Strecke rund um die nördliche **Halbinsel Trotternish**. Nehmen Sie die östliche Straße entlang dem gewaltigen, 16 km langen Bergkamm **The Storr**, an dem riesige Felsbrokken wie der stolze, 45 m hohe *Old Man of Storr* über wilde, einsame Spitzen wachen.

Auf dem nördlichen Zipfel der Halbinsel finden Sie die finsteren Überreste des **Duntulm Castle**. Hier wurde der Pirat Hugh Gillespie im 17. Jh. vom Anführer des MacDonald-Clans mit einem Stück Pökelfleisch und einem leeren Wasserkrug lebendig in einem Kerker eingemauert.

Das Innere der Halbinsel nimmt der **Quiraing** ein, eine Gebirgslandschaft aus Basalttürmen und Felszacken, wo die Wunderheiler einst ihre Zauber- und Heilkräuter sammelten. Einige dieser Pflanzen sind neben Landwirtschafts- und Haushaltsgeräten der Inselbewohner im **Skye Museum of Island Life** von Kilmuir zu sehen. Auf dem Friedhof in der Nähe ist die Retterin von Bonnie Prince Charlie begraben. Das **Denkmal für Flora MacDonald**, ein keltisches Kreuz, überragt bescheidenere Grabsteine.

Die Straße südlich von Kilmuir führt über den Idrigill-Hügel hinunter zur weiten Bucht von Uig, dem Hafen der Fährverbindung zu den Äußeren Hebriden. Am Nordufer liegt der **Prince Charles' Point**, wo der Stuart-Prätendent mit Flora MacDonald an Land ging.

Nehmen Sie zwischen Uig und Portree die kleine Straße zur Linken, so gelangen Sie zu einem wahren Zaubertal, dem **Fairy Glen**. Die fantastisch anmutenden Felsen und Höhlen lassen einen gerne glauben, dass sich hier die Heimat der Feen befindet.

Eine Rundfahrt von Portree aus nach Westen bringt Sie zur herrlichen großen Meeresbucht **Loch Snizort Beag**. In welliger Moorlandschaft liegen zwischen Hügeln und Felsspitzen einsame Weiler. An der **Fairy Bridge** treffen drei Straßen und drei Flüsse zusammen. Hier verschwand angeblich die Frau eines MacLeod-Oberhaupts, eine Fee, um ins Land ihrer Gefährtinnen zurückzukehren.

Die eindrucksvolle graue Steinmasse von **Dunvegan Castle**, dem Hauptsitz der MacLeods, wacht seit mehr als 800 Jahren über Loch Dunvegan. In dem restaurierten Schloss sind Andenken an den Clan zu sehen, sowie die *Fairy Flag* aus dem 7. Jh.; diese Seidenfahne soll den Angehörigen des Clans magische Kräfte verleihen.

Weiter nördlich, an der Westküste der Halbinsel Waternish, liegt **Trumpan**. Hier brannten 1597 die MacDonalds aus Uist eine Kirche nieder, und ein einziges Mitglied der gesamten Gemeinde entging dem Tod. Als die Brandstifter zu ihren Booten zurückkehrten, erwartete sie ein mit der Fairy Flag gerüsteter Trupp der MacLeods.

Auf der Rückfahrt von Dunvegan nach Portree sehen Sie die ruhigen blauen Wasser des **Loch Bracadale**, in dem Sie Robben beobachten können. Die von grünen Hügeln umgebene Bucht ist einer der besten Naturhäfen von Skye.

An den Ufern des Loch Harport sollten Sie die **Talisker Distillery** besuchen, eine der wenigen Whiskybrennereien, die noch von Hand betrieben wird.

Südlich von Portree liegen die **Cuillins** – schon zu Zeiten der Königin Viktoria eine Herausforderung für Kletterer und Wanderer. Wenn sich die Bergsteiger damals im Gasthaus der kleinen Siedlung **Sligachan** trafen, drehte sich das Gespräch um die Frage, ob das Wetter die »große Durchquerung« der Gebirgskette erlaube. Die Red Cuillins aus glattem rosa Granit bilden einen schönen Kontrast zum dunklen ausgezackten Gestein der Black Cuillins.

Die **Halbinsel Sleat** an der äußersten Südspitze der Insel wird zu Recht als Garten von Skye bezeichnet. Biegen Sie nach Broadford beim Flugplatz rechts ab in Richtung **Isleornsay**. Auf einer winzigen Insel im Sound of Sleat, der Meerenge, die Skye vom schottischen Festland trennt, sehen Sie einen Leuchtturm und die Ruinen eines Nonnenklosters.

Wenn Sie auf einer Nebenstraße in nordwestlicher Richtung die Halbinsel durchqueren, gelangen Sie nach **Tarskavaig** am Loch Eishort. Hier finden Sie eines der ältesten Heiligtümer der britischen Inseln, einen **Eichenhain** aus der Zeit der keltischen Druiden.

Was Dunvegan für die MacLeods, das ist **Armadale Castle** an der Südostküste für die MacDonalds von Sleat. Schon seit Generationen lebt der Clan hier. Im Park des Schlosses von 1815 gibt es ein Museum.

Ein Blick in die Küche

Die schottische Küche wärmt und ist nahrhaft. Denken Sie nur an den *porridge*, der zum Frühstück serviert wird (in Schottland ist er übrigens meist gesalzen und nicht süß). Auch *cock-a-leekie*, Hühnersuppe mit Lauch, Schinken und Dörrpflaumen, stillt den Hunger. Der hoch gerühmte *haggis* besteht aus Lamm- und Rindfleisch, das mit Zwiebeln, Hafer und Gewürzen in einen Schafmagen gefüllt und dann gekocht wird. Meist werden *tatties and bashed neeps* (Kartoffeln und Püree aus Steckrüben) dazu gereicht.

Hervorragend sind frischer Lachs, Fasan, schottisches Moorhuhn (nach der Eröffnung der Jagdsaison am 12. August) oder das renommierte Aberdeen-Angus-Rind. In den *lochs* der Westküste fischt man verschiedene Muschelarten, darunter Austern, und Seekrebse. Die Fischer bringen auch feinen Heilbutt, Steinbutt und Kabeljau an Land. Manchmal wird bereits zum Frühstück Räucherhering (*kipper*) serviert.

Die schottische Küche verdient es, entdeckt zu werden. Doch falls Ihnen die Lust nach anderem steht, finden Sie in Edinburgh und Glasgow auch problemlos chinesische oder italienische Spezialitäten, indische Curry-Gerichte oder spanische Tapas-Restaurants.

Den schottischen Malt Whisky sollten Sie unbedingt kosten. Manche Bars schenken erstaunlich viele Sorten aus. Das beliebteste Getränk der Schotten ist allerdings nicht der Whisky, sondern Bier, insbesondere Heavy (Dunkelbier), Eighty oder IPA.

Einkaufsbummel

Wolle ist das Grundmaterial für Schottlands berühmte und traditionsreiche Stoffproduktion. Die Tweedstoffe, die in raffinierten Farbabstufungen gewoben werden, kommen aus der Südostprovinz Borders und von den Hebriden. Außerdem gibt es Wollstoffe mit den typischen Karomustern, den *tartans*. Die Stoffe werden zu Schals, Decken, Röcken und Kilts verarbeitet. Die Designer kreieren laufend neue Muster. Schottland hat sich überdies für seine Strickwaren, vor allem für die traumhaft weichen Kaschmirstoffe, einen Namen gemacht.

In den Antiquitätengeschäften kann man nach alten Landkarten, Drucken und Silberwaren stöbern.

Geeignete Mitbringsel sind auch Shortbread, Marmelade, geräucherter Lachs und Scotch Whisky.

Praktische Hinweise für Schottland

Geld. Das *pound sterling* (£), unterteilt in 100 *pence* (*p*). Drei der schottischen Großbanken geben eigene schottische Banknoten heraus – im Wert von £1, £5, £10, £20, £50 und £100. Diese werden nicht überall in Großbritannien akzeptiert, können aber in allen Banken in englische Pfund umgewechselt werden. Münzen sind im Wert von 1, 2, 5, 10, 20 und 50 Pence sowie £1 und £2 im Umlauf.

Klima. Am ehesten lässt sich das schottische Klima als launisch bezeichnen. Vom Atlantik her kommen Regen und Wind, der Golfstrom ermöglicht aber auch milde Temperaturen. An der Westküste herrscht dadurch zwar feuchteres, jedoch wärmeres Wetter als an der Ostküste. Die beste Reisezeit ist im Mai und im Juni, dann scheint die Sonne am häufigsten, und es regnet eher wenig. Die wärmsten Monate sind Juli und August mit einer Durchschnittstemperatur von 18 °C in Edinburgh. Im Norden können Mücken zur Plage werden. Im September und Oktober ist es mitunter schön sonnig, doch kann bereits die Regenzeit beginnen. Warme, wasserdichte Kleidung und ein Schirm leisten immer gute Dienste.

Kreditkarten und Reiseschecks. In den meisten Restaurants und Hotels kann mit den üblichen Kreditkarten bezahlt werden. Reiseschecks lassen sich auf Vorlegen Ihres Reisepasses ganz einfach einlösen.

Öffnungszeiten. Die folgenden Zeiten sind als allgemeine Richtlinien zu verstehen. *Banken:* Montag bis Freitag 9 oder 9.30–16 oder 17 Uhr, manche donnerstags etwas länger. *Geschäfte:* Die meisten Einkaufszentren und Supermärkte sind Montag bis Samstag durchgehend 9–20 oder 21 Uhr geöffnet, einige zusätzlich am Sonntag für 6 Stunden. Dagegen sind Läden in den Highlands und auf den Inseln meistens am Sonntag geschlossen, und in kleineren Orten öffnen die Geschäfte an einem Tag (oft mittwochs) nur bis 13 Uhr. *Postämter:* werktags 9–17.30 Uhr; samstags 9–12.30 Uhr.

Stromspannung. Die Netzspannung beträgt 230 Volt. Allerdings benutzt man ein Steckerformat für dreipolige Steckdosen (*socket*). Ein Adapter kann nützlich sein.

Trinkgeld. Ein *tip* (Trinkgeld) ist in England üblich. In den Restaurants 10%, wenn die Bedienung nicht bereits im Rechnungsbetrag inbegriffen ist, in Pubs legt man nur etwas dazu, wenn am Tisch bedient wird. Taxifahrer und Friseure erwarten mindestens 10%. In öffentlichen Toiletten gibt man 10 p, dem Kofferträger 1£ und dem Zimmerpersonal im Hotel etwa 1£ pro Tag.

Zeit. In Großbritannien gilt die *Greenwich Mean Time* (GMT). Dieser Zeit ist die Mitteleuropäische Zeit (MEZ) eine Stunde voraus.

Fotos: S. 57 CORBIS/Holmes, S. 63 hemis.fr/Frilet; S. 69 istockphoto.com/Collet;
S. 73 istockphoto.com/Finn; S. 79 laif/Krinitz; S. 85 hemis.fr/Rieger.fr; S. 88 Look/Pompe

Irland

Dublin

Belfast

Cork und Irlands Südwesten

Geschichtlicher Überblick

5.–11. Jh.
Keltische Iren unternehmen Raubzüge ins römische Britannien. Der hl. Patrick gründet in Irland Klöster. Im 9. Jh. greifen die Wikinger diese an. Die Herrschaft der Wikinger endet 1014 mit ihrer Niederlage bei Clontarf.

12.–15. Jh.
Unter dem Earl of Pembroke – mit der Unterstützung des streitbaren Königs von Leinster, Dermot MacMurrough – siegen Normannen aus England 1169 bei Waterford. König Heinrich II. von England, Oberherr des Grafen, sichert sich 1171 seine Souveränität. Städte, Klosterkirchen und Schlösser werden gebaut.

16.–18. Jh.
Heinrich VIII. nennt sich als erster englischer Monarch »König von Irland«. Sein Versuch, die Reformation einzuführen, scheitert am tief verwurzelten Katholizismus. Grund und Boden der Katholiken wird enteignet und protestantischen Siedlern zugesprochen. Unter Königin Elisabeth I. werden zwei große Aufstände niedergeschlagen. Nach 1654 dürfen Katholiken nur noch westlich des Flusses Shannon Land besitzen. Der protestantische Wilhelm III. von Oranien besiegt 1690 seinen katholischen Schwiegervater Jakob II. in der Schlacht am Boyne. Trotz angeblich garantierter Rechte hat die katholische Mehrheit wenig politischen Einfluss.

19.–21. Jh.
Die Act of Union (1801) löst Irlands Parlament auf und vereinigt die Königreiche von Großbritannien und Irland. Der irische Patriot Daniel O'Connell fordert vergebens die Aufhebung der Act of Union. Mitte des Jahrhunderts sucht eine Hungersnot Irland heim. Eine Million Menschen sterben, ebenso viele wandern aus. 1916 proklamieren die Nationalisten die irische Republik, aber der Aufstand wird niedergeschlagen. Es kommt zum Bürgerkrieg, den die britische Regierung beendet, indem sie 1921 den irischen Freistaat (die spätere Republik) gründet und Nordirland vom Rest der Insel abteilt. Während des 2. Weltkrieges bleibt die Republik neutral, Nordirland kämpft mit England auf der Seite der Alliierten. 1969 beginnen die Kämpfe zwischen Nationalisten (Katholiken) und Unionisten (Protestanten). Im Nordirlandkonflikt werden Tausende von Menschen getötet. 1988 feiert Dublin sein 1000-jähriges Jubiläum als irische Stadt. In den 1990er-Jahren erlebt Irland einen großen wirtschaftlichen Aufschwung, sinkt aber aufgrund der internationalen Finanzkrise 2008 als erstes EU-Land in eine tiefe Rezession.

Dublin

Irlands Metropole verkörpert eine der europäischen Erfolgsgeschichten, und die Stadt ist stolz darauf. Heruntergekommene Gebiete hat man völlig transformiert, und schöne, aber lange vernachlässigte Gebäude aus dem 18. Jh. werden neu und einfallsreich genutzt. Das Geschäft boomt – vom Finanzsektor über den Tourismus bis zur Rockmusik. Ein auffällig junges und kosmopolitisches Publikum zählt zu den Gästen der Cafés und Pubs. Aber eigentlich ist Dublin immer noch ein großes, freundliches Dorf.

Stadtzentrum

Die Hauptachse, die **O'Connell Street**, ist der Stolz der Dubliner und ein dauerhaftes Andenken an die weitsichtigen Städtebauer des 18. Jh. Sie ist 45 m breit – und ebenso geradlinig wie die Gesinnung des Father Theobald Mathew, eines Priesters, der im 19. Jh. als Apostel der Abstinenz bekannt ist. Sein Denkmal steht mit drei anderen auf der baumbestandenen Insel zwischen den beiden Fahrbahnen. Am nördlichen Ende befindet sich jenes von Charles Stewart Parnell (1846–91), dem Führer der Home Rule League, und im Süden der Straße, gegenüber der O'Connell Bridge, wird Daniel O'Connell (1775–1845), der »Befreier«, mit einem Standbild geehrt.

Eines der Wahrzeichen der O'Connell Street ist das imposante **General Post Office**. Es ist nicht nur Hauptpostamt, sondern diente den Rebellen 1916 während des Osteraufstandes als Hauptquartier. Bei den Kämpfen wurde das Gebäude stark beschädigt. Eine Gedentafel an der Fassade und eine Statue in der Halle erinnern an das historische Ereignis.

Früher stand in der O'Connell Street auch eine Nelson-Säule, zum Gedenken an den britischen Admiral Lord Nelson. 1966 wurde dieses »Zeichen der Besatzung durch die Engländer« von einer IRA-Bombe zerstört. Seit 2003 befindet sich nun ein anderes Monument genau an dieser Stelle: **The Spire**, eine 120 m hohe Stahlnadel, Dublins Wahrzeichen des dritten Jahrtausends, das den Optimismus der Nation symbolisieren soll.

Von der breiten dreibogigen Brücke schweift der Blick den **Liffey** auf- und abwärts. Im Osten ragt die kupferne Kuppel des majestätischen **Custom House** (Hauptzollamt) aus dem 18. Jh. auf. Wie manches andere Gebäude am Ufer des Liffey wurde es im Bürgerkrieg 1921 fast ganz zerstört, aber später vollständig restauriert. Die Gegend vom Custom House bis zu den Docks am Nordufer des Liffey, einst ein Niemandsland, hat sich in den 1990er-Jahren zum Finanzviertel gemausert.

Einige der interessantesten alten Gebäude Irlands sind heute von Banken besetzt. Aber es überrascht dennoch, dass der weiße Monumentalbau am südlichen Flussufer gegenüber dem College Green Sitz der **Bank of Ireland** ist. Errichtet wurde er im 18. Jh. für das irische Parlament. Nach dessen Auflösung 1801 zog die Bank in das mit einem schönen Portikus von ionischen Säulen geschmückte Gebäude ein. Das einstige House of Commons wurde in Büros aufgeteilt, doch das House of Lords kann besichtigt werden.

Hinter dem geschwungenen Gitter am Eingang zum **Trinity College Dublin** (TCD) stehen die Statuen zweier berühmter Schüler, des Philosophen Edmund Burke und des Dramatikers Oliver Goldsmith. Das 1592 von Elisabeth I. gegründete College ist eine Insel der Ruhe mitten in der betriebsamen Stadt. Jahrhundertelang war es eine rein protestantische Einrichtung; noch 1956 untersagte Rom den jungen Katholiken den Besuch, der als »Todsünde« galt. Heute ist das TCD allen Studierenden zugänglich. Auch Besuchern steht es offen. Die Anlagen zeugen vom ästhetischen Geschmack des 18. Jh.: gepflasterte Wege, gepflegter Rasen, schöne alte Bäume, Statuen und harmonische Bauten. Die prächtige **Old Library**, die 1712–32 erbaut wurde, bestand einst einzig aus den offenen Kolonnaden im Erdgeschoss und dem Long Room mit der gewölbten Holzdecke, in dem die eigentliche Bibliothek untergebracht war. Als sie 1801 den Status einer *copyright library* erhielt, die von jedem in Großbritannien und Irland publizierten Buch ein Exemplar bekommt, wuchs der Platzbedarf enorm. Zuerst wurde der Long Room mit weiteren Bücherregalen versehen, in denen 200 000 der ältesten Bände untergebracht sind. Dann ließ man die Colonnades mit Mauern umgeben, um mehr Platz zu schaffen. Heute findet man in den Colonnades einen Laden und eine Ausstellung sowie – in gedämpftem Licht – das **Book of Kells** aus dem frühen 9. Jh. Dieses wichtigste Exemplar irischer Illuminationskunst ist eine lateinische Handschrift mit den vier Evangelien. Die verzierten Initialen, die fantasievolle Ornamentik und besonders die Heiligendarstellungen in diesem kostbaren Relikt irischer Geschichte sind einzigartig.

Bereits nach kurzer Zeit weiß man das dunkle Guinness zu schätzen…

Wenn man das Trinity-College durch den Haupteingang verlässt und links in die **Grafton Street** einbiegt, fällt der Blick auf die Statue der Molly Malone mit großzügigem Dekolleté und einem Karren voller Muscheln, der genauso wie sie in einem alten Volkslied besungen wird.

Die Grafton-Street führt zum **St. Stephen's Green**, einer schön gestalteten Parkanlage. Unter den Standbildern befinden sich Sir Arthur Guinness, der Stifter des Parks, W. B. Yeats von Henry Moore und eine sonderbare Statue von James Joyce mit ineinander verschlungenen Beinen und der Aufschrift: »Er nahm die englische Sprache auseinander und setzte sie wieder so zusammen, dass sie zu Musik wurde«.

Von den vielen georgianischen Bauten, die einst Dublins Straßen und Plätze säumten, haben nur wenige überlebt und dienen heute als Geschäftshäuser. Einen Eindruck ihrer großzügigen Innenausstattung vermittelt das **Newman House** am Stephen's Green 85–86. Am **Fitzwilliam Square** (1825) östlich davon können Sie ebenfalls einige gut erhaltene Gebäude sehen.

Über 150 Jahre lang galt der **Merrion Square** als Dublins beste Adresse. Daniel O'Connell wohnte einst in Nr. 58,

W. B. Yeats in Nr. 82, die Familie von Oscar Wilde in Nr. 1. Jedes Wochenende wird auf dem Platz eine große Kunst- und Verkaufsschau abgehalten.

Der Häuserblock zwischen Merrion Square und der Kildare Street birgt zahlreiche Sehenswürdigkeiten: die National Gallery, das National Museum, die National Library und das Natural History Museum sowie **Leinster House**, den Sitz des irischen Parlaments.

An der Westseite des Merrion Square bezeichnet eine Statue von George Bernard Shaw den Eingang zur **National Gallery**, der er ein Drittel seines Vermögens vermachte. Zu den Höhepunkten der Sammlung gehören Werke von Fra Angelico, Rubens, Vermeer, Rembrandt (*Rast auf der Flucht nach Ägypten*) und weiteren Holländern; unter den Vertretern der Spanischen Schule sind Goya und Velázquez; Reynolds und Gainsborough repräsentieren die englischen Porträtisten, von den Iren seien William Leech (*Das Gänsemädchen*) und William Orpen (*Der heilige Brunnen*) erwähnt.

Der Haupteingang des **National Museum** liegt in der Kildare Street. Sehenswert ist insbesondere der Goldschmuck aus der Bronze- und Eisenzeit. Diese Schätze wurden in Torfgruben oder bei Grabungen für den Eisenbahnbau im 19. Jh. entdeckt. Die gewundenen Halsringe und die Armspangen von Gleninsheen stammen aus dem 8. Jh. v. Chr., ein filigranes Boot mit 16 winzigen Rudern aus der Eisenzeit. Den Ardagh Chalice (Kelch von Ardagh, 8. Jh.) aus Silber mit vergoldeten Verzierungen fand ein Junge 1868 beim Kartoffelgraben, und die silberne, mit Gold und Bernstein verzierte Tara Brooch (Spange von Tara, 8. Jh.) wurde an einem Strand entdeckt. Der bronzene **Shrine of St. Patrick's Bell** (Glockenschrein des hl. Patrick, 12. Jh.) ist mit Gold und Silber im normannischen Stil geschmückt. Die Glocke aus dem 5. Jh. ist noch erhalten.

Etwas weniger spektakulär, aber trotzdem faszinierend ist die Sammlung von Werkzeugen, Waffen und Ornamenten aus Knochen, Stein und Bronze aus der Zeit der ersten Siedlungen (etwa 7000 v. Chr.) bis zur Gegenwart. Im Obergeschoss sind Exponate aus Silber und Glas sowie Textilien und Musikinstrumente ausgestellt.

Hinter der National Gallery befindet sich in der Kildare Street die **National Library**. Praktisch alle berühmten irischen Dichter haben unter der Kuppel des Lesesaals im ersten Stock gearbeitet.

Alt-Dublin

Die Wikinger siedelten sich wahrscheinlich an dem Flussufer an, wo sich heute das Wood Quay erstreckt. Das Erlebnismuseum **Dublinia and the Viking World** gegenüber der Christ Church Cathedral vermittelt eine Ahnung davon, wie das Leben damals ausgesehen haben mag. Diese Gegend war bis ins frühe 18. Jh. das Zentrum Dublins, und erst als die weiter östlich gelegenen georgianischen Straßen und Plätze zur bevorzugten Wohngegend wurden, verlor der Stadtteil an Bedeutung.

Der Bau des **Dublin Castle** begann im 13. Jh. auf einem Hügel oberhalb der einstigen Wikingersiedlung. Das Schloss wurde im 14. Jh. durch ein anderes ersetzt und im 18. Jh. stark umgebaut. Schließlich fügte man zusätzliche Gebäude für die Ministerratssitzungen der EU an. Die Führung durch die Staatsgemächer beginnt im Upper Yard. In den Gärten des Schlosses sollten Sie die **Chester Beatty Library and Gallery of Oriental Art** nicht verpassen, die im Wesentlichen die Sammlung von Sir Alfred Chester Beatty umfasst, einem kanadischen Bergbaumagnaten, der sich in den 1950er-Jahren in Dublin niederließ. Als er 1968 starb, vermachte er seine Schätze dem irischen Staat: babylonische Tontafeln aus dem Jahr 2500 v. Chr., biblische Schriften, Bücher aus den ersten Zeiten der Buchdruckkunst, chinesische Siegel sowie indische Miniaturen. Hier findet man auch die weltweit größte Sammlung orientalischer Manuskripte (die aber aus Platzmangel nicht alle ausgestellt werden können).

Neben dem Schloss erhebt sich die **City Hall**, das klassizistische Rathaus aus dem späten 18. Jh. (ursprünglich die Börse) mit einer schönen Rundhalle.

Dublin hat aus historischen Gründen gleich zwei Kathedralen, beide sind protestantisch. **Christ Church Cathedral**, die ältere von beiden, wurde 1173, kurz nach dem Einfall der Normannen, auf Anordnung von »Strongbow« und dem Erzbischof Laurence O'Toole begonnen. Der größte Teil des jetzigen Gebäudes stammt aus dem 12. und 13. Jh., doch sein heutiges Aussehen verdankt es einer Renovierung im 19. Jh. Das Grabmal nahe dem Eingang wird zwar Strongbows Grab genannt, geht aber auf das 14. Jh. zurück – es ist also viel jünger. Roh behauene Steinsäulen und normannische Bogen stützen die Krypta.

Nur ein paar Schritte weiter südlich erhebt sich die 1192 geweihte **St. Patrick's Cathedral**.

Der Grund für den Bau einer zweiten Kathedrale kurz nach Errichtung der ersten lag in der Rivalität zwischen den irischen Äbten und den von Rom eingesetzten Bischöfen. In der Südwestecke steht das riesige Boyle Monument, das 1633 von Richard Boyle, Earl of Cork, errichtet wurde. Gemalte Figuren stellen den Earl, seine zweite Frau und elf ihrer Kinder dar.

Jonathan Swift, bekannt für sein Werk *Gullivers Reisen*, war von 1713 bis zu seinem Tod 1745 Dekan von St. Patrick. Seine Büste steht im Kirchenschiff rechts vom Eingang, und sein Grab liegt Seite an Seite mit demjenigen seiner geliebten »Stella« (Esther Johnson) nahe der Wand. Swifts Kanzel, Tisch und Stuhl kann man im nördlichen Querschiff besichtigen.

Seit Cromwells Soldaten in der Kathedrale ihre Pferde untergestellt hatten, waren Teile der Kirche in beklagenswertem Zustand. Erst im 19. Jh. wurden umfangreiche Renovierungsarbeiten durchgeführt.

Die **Marsh's Library** (1701) hinter St. Patrick war Irlands erste öffentliche Bibliothek und wird immer noch als solche genutzt. Besonders interessant sind die Eichenholzregale mit schönen Giebeln und die Käfige, in die man die Leser sperrte, damit sie die wertvollen Werke nicht stehlen konnten. Westlich gegenüber der Christ Church, beherbergt die normannische **St. Audoen's Church** eine Ausstellung über das keltische Irland. Der restaurierte St. Audoen's Arch in einer Gasse ist das einzige Tor, das von der aus dem 13. Jh. stammenden Stadtmauer noch übrig geblieben ist. Die engen Sträßchen westlich davon führten durch ein einst ziemlich heruntergekommenes Viertel, The Liberties. Heute findet man hier Antiquitäten- und Trödelläden und Straßenhändler.

Temple Bar, zwischen der Christ Church und der Bank of Ireland am Südufer des Flusses, ist *das* Kulturviertel Dublins, bekannt für seine Weinbars, Pubs und Restaurants wie auch für seine Musik-, Film-, Kunst- und Buchläden, Galerien und kleinen Geschäfte.

Westlich des Zentrums und südlich des Liffey erstreckt sich das Gelände der **Guinness Brewery**, einer der größten Brauereien Europas. Mehr als die Hälfte des in Irland getrunkenen Biers (einschließlich des Nordens) wird hier produziert. Am bekanntesten ist das dunkle Stout, das Arthur Guinness 1759 zu brauen begann. Im alten Hopfenlager befindet sich das Besucherzentrum. Bis in die 1960er-Jahre wurden auf dem Liffey und dem Grand Canal, der sich südlich der Brauerei zu einem Hafen ausweitet, Gerste und Hopfen ausgeliefert. Auch Bier gehörte zur Fracht, was einen schonenden Transport bedeutete. So erlangte das »Kanal«-Guinness als bestes Bier der Brauerei Bekanntheit. (Mehr darüber erfährt man im **Waterways Visitor Centre** am Grand Canal-Becken, das aber wegen Umbaus zurzeit geschlossen ist.)

Das **Royal Hospital** nahe beim Heuston-Bahnhof entstand 1684 als Soldatenheim. Mit seinem von Arkaden gesäumten Innenhof ist es Irlands schönstes Gebäude aus dem 17. Jh. Heute befindet sich hier das **Irish Museum of Modern Art**.

Am Nordufer des Liffey

Den **Parnell Square** am Ende der O'Connell Street umgibt ein Gebäudekomplex, zu dem die früheren Assembly Rooms zählen, ein Treffpunkt der besseren Gesellschaft des 18. Jh. Ein Teil dient heute als Kino, ein anderer beherbergt das Gate Theatre. In der Nordwestecke wurde der Garden of Remembrance zum Gedenken an all jene angelegt, die im Kampf um Irlands Freiheit gestorben sind.

Das **Dublin Writers' Museum** am Parnell Square North und der angrenzende Schriftstellertreffpunkt Irish Writers' Centre sind den hiesigen Literaturgrößen gewidmet. Im ersten Ausstellungsraum werden Autoren wie Swift, Goldsmith und Sheridan, Maria Edgeworth, Wilde und Shaw gewürdigt. Der zweite Saal ist den Künstlern nach 1890 gewidmet, darunter Yeats und seinem Kreis, J.M. Synge, Joyce, O'Casey und Beckett.

Das Charlemont House von 1762 beherbergt die **Hugh Lane Gallery** mit Gemälden, die der Kunstliebhaber Hugh Lane der Stadt vermachte. Zur Sammlung gehören Monets *Vétheuil au Soleil* und *Sous la Neige*, der strahlende *Jour d'Eté* von Berthe Morisot und *Eva Gonzales* von Manet. Watts und Burne-Jones repräsentieren die Präraffaeliten, Lavery, Leech und Orpen vertreten die Iren.

Die **King's Inns** westlich des Parnell Square sind Sitz der irischen Juristenvereinigung. Das Gebäude wurde von James Gandon entworfen, aber erst nach seinem Tod 1816 vollendet. Der Name leitet sich von den Gasthäusern her, in denen die Rechtsanwälte im 16. Jh. wohnten.

Vor seiner Sanierung war **Smithfield** das Viertel der Frischwarenmärkte und Destillerien, die aber seit Langem nach Midleton in der Grafschaft Cork verlegt worden sind. Die **Old Jameson Distillery** erinnert an die vergangenen Zeiten des Viertels, zeigt Filme und gewährt Besuchern auch ein Probeschlückchen.

Das 1802 von Gandon errichtete **Four Courts** ist nach den Gerichtshöfen benannt, die es beherbergen sollte. Von der oberen Galerie des Rundbaus hat man einen schönen Blick.

Der majestätische Kasernenkomplex der **Collins Barracks** stammt aus dem Jahr 1704. Die lange vernachlässigten Gebäude wurden renoviert und gehören nun zum National Museum.

Der **Phoenix Park** ist eine der größten innerstädtischen Parkanlagen Europas – hier fände ohne weiteres die gesamte Bevölkerung Dublins Platz (dies war der Fall, als Papst Johannes Paul II. im Park eine Messe zelebrierte). Nahe dem südöstlichen Tor erinnert ein über 60 m hoher Obelisk an Wellingtons Siege in Indien und die Napoleonischen Kriege.

Das georgianische Gebäude in der nördlichen Parkecke (nahe dem Zoo), wo einst die britischen Vizekönige Hof hielten, dient heute als offizielle Residenz des Präsidenten von Irland.

Glasnevin

In Glasnevin, etwa 3 km nördlich des Stadtzentrums, liegen die Botanischen Gärten und der weitläufige Prospect Cemetery nebeneinander; doch die Eingänge sind weit voneinander entfernt. Die **National Botanic Gardens** wurden Ende 18. Jh. angelegt, als Expeditionsteilnehmer Samen und Pflanzen aus allen Teilen der Welt nach Irland brachten. Das schmiedeeiserne Gewächshaus stammt aus den 1840er-Jahren. Kräutern, Rosen, Kakteen und Bonsais sind eigene Abteilungen gewidmet.

Auf dem **Prospect Cemetery** (auch Glasnevin Cemetery) liegen viele irische Freiheitskämpfer begraben. Nahe dem Eingangstor findet man unter dem Rundturm die Krypta von Daniel O'Connell; auch das berühmte Grab des Politikers Charles Stewart Parnell ist ganz in der Nähe.

Südliche Stadtteile

Südlich von St. Stephen's Green kommt man zur **Leeson Street** – mit ihren bis spät in die Nacht geöffneten Diskotheken und Klubs ein bevorzugtes Ziel für Nachtschwärmer. Im Stadtteil Ballsbridge jenseits des Grand Canal, seit dem Ende der viktorianischen Ära ein beliebtes Wohngebiet mit Alleen und eleganten Häusern, sind zahlreiche ausländische Botschaften angesiedelt. In der Mitte liegt das Gelände der **Royal Dublin Society** (RDS), Veranstaltungsort für Konzerte, Ausstellungen und den berühmten Pferdemarkt, die Dublin Horse Show.

BELFAST

Bezauberndes Belfast

Wer zum ersten Mal nach Belfast kommt, ist oft angenehm überrascht, eine helle, moderne Stadt mit einer lebendigen Unterhaltungs- und Kulturszene vorzufinden. In den Pubs geht es hoch her, die Menschen sind fröhlich, gesprächig und offen. Ein großer Teil des Stadtzentrums ist den Fußgängern vorbehalten und die Einkaufsmöglichkeiten sind hervorragend. Da die Unruhen nun der Vergangenheit angehören, kann sich Belfast wieder vermehrt der Kunst und Architektur widmen und macht neuerdings Schlagzeilen wegen großer Bauprojekte.

Die industrielle Revolution verwandelte die kleine Hafenstadt Belfast in einen Handels- und Industriegiganten, der mit Manchester und Glasgow rivalisiert. Die nordirische Stadt entwickelte sich rasch, während Dublin zurückblieb. Die imposanten öffentlichen Gebäude im Zentrum stammen aus dem 19. und frühen 20. Jh., jener selbstbewussten Epoche, als Belfast die weltweit führende Stadt der Schiffbau-, Leinen-, Baumwoll- und Tabakindustrie war. Das mit diesem Aufschwung verbundene Bevölkerungswachstum führte zu weitläufigen Armenvierteln, die von Anfang an in protestantische und katholische Quartiere aufgeteilt waren.

Die Teilung Irlands minderte die wirtschaftliche Bedeutung der Stadt. Die Krise der 1930er-Jahre traf sie hart, bis der 2. Weltkrieg den Fabriken wieder zu Arbeit verhalf. Die Bomben der Deutschen verursachten große Schäden. Im Hafen landeten amerikanische Hilfs- und Truppentransporte, die Nordirland als Umschlagplatz benutzten.

Nach dem Krieg wurde Belfast neu aufgebaut. Versuche zur Vereinigung der protestantischen und katholischen Gemeinschaften mussten nach den Unruhen von 1968–69 aufgegeben werden. Bis heute sind in West Belfast die Viertel der beiden Konfessionen durch hohe Zäune voneinander getrennt.

Die Stadt liegt zwischen bezaubernden grünen Hügeln, dort wo der River Lagan in den Belfast Lough, einen geschützten Meeresarm, mündet. Idyllische Landschaften und feine Strände sind schnell erreichbar. Angler kommen aus ganz Europa, um in den Flüssen und Loughs (Seen) zu fischen, und die Golfer versuchen auf berühmten »Greens« ihr Glück. Auf guten, wenig befahrenen Straßen sind die Mourne Mountains oder der Giant's Causeway leicht erreichbar.

Geschichtlicher Überblick

Vorgeschichte
Um 7000 v. Chr. erreichen die ersten Siedler aus dem nur 19 km entfernten Südwestschottland die nordirische Küste. Von 4000 bis 2200 v. Chr. entwickeln Steinzeitvölker die Landwirtschaft und bauen steinerne Gräber. In der Bronzezeit (2200–600 v. Chr.) werden neue Techniken der Metallbearbeitung eingeführt und zeremonielle Steinkreise errichtet.

6. Jh. v. Chr.–4. Jh. n. Chr.
Vermutlich keltische Einwanderer bringen Waffen und Werkzeuge aus Eisen und errichten mehrere Steinbefestigungen am Belfast Lough.

5. Jh.
Christliche Missionare kommen aus Europa und Britannien, darunter – um 432 – der hl. Patrick.

9.–11. Jh.
Wikinger überfallen die Klöster und errichten später Siedlungen in Irland. Nach der Vereinigung der Provinzen und des Königreichs Ulster unter einem »High King« werden sie schließlich geschlagen.

12.–15. Jh.
Anglonormannen aus Britannien verwüsten 1169 Irland, erobern Land im Süden und Westen und bauen Stützpunkte. 1177 überfällt der Normanne John de Courcy das Königreich Ulster und baut das erste Schloss von Belfast. Bei einem durch Edward Bruce von Schottland geführten irischen Aufstand wird es 1315 zusammen mit der Stadt zerstört.

16.–17. Jh.
Heinrich VIII. von England nimmt den Titel eines Königs von Irland an. Die O'Neills, Grafen von Tyrone, regieren Ulster. Elisabeth I. versucht, gegen katholischen Widerstand die Reformation durchzusetzen. 1595 führt Hugh O'Neill einen Aufstand an, wird jedoch geschlagen. Im 17. Jh. erhalten englische und schottische Siedler Ländereien in Ulster. Belfast wird 1613 königliche Hafenstadt und erringt danach das Handelsmonopol in Ulster.

18.–19. Jh.
Die Leinen-, Baumwoll- und Schiffbauindustrie entwickelt sich rasch. Belfast zählt bald 20 000 Einwohner. 1800 setzt Großbritannien die Union mit Irland durch. Im 19. Jh. wird Belfast eine der großen Industriestädte des Britischen Weltreichs. Die Bevölkerung steigt auf 300 000 Einwohner.

20.–21. Jh.
1912–14 ist die britische Regierung bereit, Irland die Unabhängigkeit zu gewähren, doch die meisten Protestanten in Ulster lehnen dies ab. Angesichts bewaffneter Aufstände wird Irland 1921 geteilt. Der größere Teil wird

ein irischer Freistaat und danach zur Republik Irland. Die sechs Grafschaften Ulsters mit protestantischer Mehrheit verbleiben beim Vereinigten Königreich. Ein Nordirisches Parlament wird gewählt. Im 2. Weltkrieg spielen die Werften, Flugzeugfabriken und der Hafen von Belfast eine wichtige Rolle, und die Stadt wird durch Bomben stark zerstört. Ende der 60er-Jahre gibt es Zusammenstöße zwischen katholischen Bürgerrechtlern und der Polizei. Die britische Armee soll die Kämpfe zwischen den Konfessionen beenden, wird jedoch selbst zur Zielscheibe.

1971 beginnt die IRA mit Bombenanschlägen in Nordirland und England. Paramilitärische Gruppen der Protestanten schlagen zurück. Das Nordirische Parlament wird aufgelöst, Belfast von London aus regiert. Die Provisorische IRA und protestantische Kampfverbände erklären 1994 einen Waffenstillstand. Der 1998 durch Referendum bekräftigte Vertrag von Stormont *(»Good Friday Agreement«)* und die Wahl eines neuen Parlaments wecken nach einem letzten Aufflackern des Terrorismus Hoffnung auf einen dauerhaften Frieden. Im Juli 2005 ordnet die IRA das Ende des bewaffneten Kampfes an. Seit Mai 2007 regieren die vormals verfeindeten Parteien, die protestantische Democratic Union Party (DUP) und die IRA-Partei Sinn Féin, gemeinsam. Seit Anfang August 2007 hat die Polizei wieder die alleinige Verantwortung für die innere Sicherheit in Nordirland; die britischen Truppen werden abgezogen. Leider versuchen IRA-Dissidenten auch in jüngster Zeit, den fortschreitenden Friedensprozess und die Allparteien-Regierung durch Anschläge zu destabilisieren.

Sehenswürdigkeiten

Die 1906 erbaute, imposante **City Hall** am **Donegall Square** dominiert das Stadtzentrum. Sie ist der St.-Paul's-Kathedrale von London nachempfunden, doch wird hier der weiße Steinbau von einem grünen Kupferdom gekrönt. Ein Rundgang durch die Empfangshalle aus Marmor und die aus Eichenholz geschnitzte Ratskammer ist möglich. In der Nähe stehen Denkmäler für die Opfer der beiden Weltkriege und der 1912 gesunkenen *Titanic*, die in Belfast gebaut wurde. In einem der majestätischen viktorianischen Gebäude am Square befand sich früher ein Leinenlager, heute gehört es einer berühmten Kaufhauskette. An derselben Seite des Platzes ist die **Linen Hall Library** (1788), eines der wenigen georgianischen Bauwerke der Stadt.

Der Bereich nördlich der City Hall ist teilweise Fußgängern vorbehalten. In der Royal Avenue und den angrenzenden Straßen findet man Kaufhäuser, während sich in den Gassen und Passagen unzählige alte Pubs verstecken. Weiter nördlich kommt man an der Donegall Street zur Galerie **Belfast Exposed**, die zur Zeit der Unruhen von einheimischen Fotografen gegründet wurde und wechselnde Ausstellungen zeitgenössischer Fotografie zeigt.

Nur 100 m weiter steht die neuromanische **St. Anne's Cathedral**, die 1904 geweihte Hauptkirche der Church of Ireland. In der Heiliggeistkapelle links vom Eingang sind zwei wunderbare Mosaiken zu sehen.

In der Great Victoria Street stehen zwei Schmuckstücke aus viktorianischer Zeit: das 1894 erbaute **Grand Opera House**, dessen Zuschauerraum in Gold prunkt, und – gegenüber – der **Crown Liquor Saloon**. Dieses Pub ist ein Juwel aus Glas, farbigen Fliesen, Messing und poliertem Mahagoni. Das 1826 gegründete Lokal wurde vom National Trust erworben und steht unter Denkmalschutz.

In der Bedford Street weiter östlich steht die 1862 eröffnete **Ulster Hall**, ein Theater, das mit Darstellungen der Stadtgeschichte ausgemalt ist. Drei Häuserblocks weiter steht in der Alfred Street die katholische Kirche **Saint-Malachy** (1844) mit schmalen, hoch aufragenden, zinnenbewehrten Türmchen. Die Stuckdecke ist jener der Kapelle Heinrichs VII. in

Unionisten und Republikaner

Nordirland ist ein Teil des Vereinigten Königreichs von Großbritannien und Nordirland (abgekürzt »UK«). Manche nennen es Ulster, obschon es nur sechs von neun Grafschaften der früheren Provinz dieses Namens umfasst. Diese hatten 1921 bei der Teilung Irlands eine protestantische Mehrheit. Die übrigen 26 Grafschaften mit einer großen katholischen Mehrheit bilden die Republik Irland. Wer von den »sechs Grafschaften« spricht, befürwortet wahrscheinlich ein Ende der Teilung. »Irland« kann die gesamte Insel bezeichnen, oder auch nur die Republik. Die nordirischen Protestanten, die über 60 % der Bevölkerung ausmachen, wählen vorwiegend Unionistische Parteien (mit »Union« ist diejenige mit Großbritannien gemeint). Die Katholiken unterstützen mehrheitlich die Nationalisten, die ein wiedervereinigtes Irland mit friedlichen Mitteln anstreben. Die auf beiden Seiten der Grenze illegale IRA (Irish Republican Army) versuchte lange, ihr Ziel gewaltsam durchzusetzen, genauso wie die ebenfalls illegalen paramilitärischen Gruppen der Protestanten. 2007 einigten sich alle Parteien darauf, die Waffen niederzulegen, und eine neue Ära des Friedens, die leider nicht ganz ohne Rückschläge auskommt, konnte beginnen.

der Westminsterabtei nachempfunden.

Wer sich für zeitgenössische Kunst interessiert, macht einen Abstecher in die **Ormeau Baths Gallery** an der Ormeau Avenue (200 m weiter südlich). Sie wurde 2006 in der früheren öffentlichen Badeanstalt eingerichtet (Eintritt frei).

Besuchen Sie zum Abschluss Ihres Rundgangs durch das viktorianische Belfast den gedeckten **Markt Saint-George's** (1896), am besten am Freitag- oder Samstagvormittag.

Die Gebäude der **Queen's University** aus dem Jahr 1849, die den Colleges von Oxford nachempfunden sind, liegen südlich des Zentrums an der Great Victoria Street. Einige Räume sind zugänglich.

Gleich in der Nachbarschaft liegt der **Botanische Garten**. In diesem öffentlichen Park gibt es herrliche Blumenanlagen und ein Palmenhaus aus Schmiedeeisen von 1840.

Ein moderner Bau neben dem Botanischen Garten birgt das **Ulster Museum**, das führende Museum Nordirlands. Während des bis Juni 2009 dauernden Umbaus werden Teile der Sammlung in anderen Museen gezeigt. Die **Kunstgalerie** im Obergeschoss umfasst Werke ausländischer und irischer Meister. Daneben gibt es in den oberen Stockwerken Gegenstände aus Glas, Silber, Keramik und Stoff zu sehen. Es folgt die naturgeschichtliche Abteilung: Geologie, Fauna und Flora, Fossilien und Dinosaurierskelette. Zu den archäologischen Ausstellungsstücken zählen Feuersteine, Goldschmuck aus der Bronzezeit und Funde aus frühchristlicher Zeit. Von den Schätzen aus dem spanischen Schiff *Girona*, das 1588 in der Nähe des Giant's Causeway sank, sind Goldschmuck, Waffen und Haushaltsgeräte von Interesse.

Neue Viertel am Flussufer

Die Uferbereiche des River Lagan, die infolge der schweren Industriekrise, die Belfast seit den 1970er-Jahren durchmachte, lange vernachlässigt waren, wurden erst in jüngster Zeit saniert. In alten Lagerhallen und Fabriken wurden Wohnungen und Büros eingerichtet, und gleichzeitig mit der imposanten **Waterfront Hall**, einem ultramodernen Kongresszentrum und dem gigantischen Vergnügungskomplex Odyssey Arena entstanden mehrere Hotels. Das Stauwehr Lagan Weir reguliert den Wasserstand und verhindert, dass sich der Fluss zweimal täglich in ein Schlammbett verwandelt; für die Fußgänger bildet es eine gute Möglichkeit, den Fluss zu überqueren. Das Viertel wird unter dem Namen **Titanic Quarter** von der Stadtverwaltung gefördert. Das Unglücksschiff wurde nämlich hier in Belfast konzipiert, in der Schiffswerft Harland & Wolff, deren große gelbe Kräne sich am Horizont erheben.

Im Fremdenverkehrsbüro sind Audioguides samt GPS-Gerät erhältlich, dank denen man alle Stationen des Titanic Interactive Trail besichtigen kann. Sie können auch die Fähre *SS Nomadic* bewundern, die am Ostufer des Lagan vor Anker liegt. Da das auf dem Grund des Atlantiks liegende Wrack der Titanic nicht zu bergen war, haben die Belfaster den Besuchern ein anderes Prunkstück der einheimischen Werft zugänglich gemacht.

Unweit von hier sind im Kulturkomplex **Odyssey** viele Geschäfte, Restaurants, IMAX-Kinos, Diskotheken, Sporträume und Museen unter einem Dach vereint. Das W5 (mit vollem Namen WhoWhatWhereWhenWhy) lässt Besucher Wissenschaft und Technologie auf interaktive Weise entdecken.

Katholische Stadtteile

Die wichtigsten republikanischen Viertel liegen in West Belfast (rund 2 km vom Zentrum). Hier sind 80–95 % der Bevölkerung katholisch; die restlichen Einwohner sind überwiegend in jüngerer Zeit zugewanderte Hindus und Muslime. Dem Arbeiterviertel Falls, das nicht in den Genuss des Wirtschaftsbooms kam, den Belfast zu Beginn des 20. Jh. erlebte, haftet bis heute der Ruf an, aufmüpfig zu sein. Das beweisen auch die Themen der Wandmalereien: soziale Ungerechtigkeit, politische Forderungen, aber auch Apartheid, Palästinafrage und Sympathie für Kuba.

Die Falls Road, in der viele solche Wandgemälde zu sehen sind, hat sich zu einer eigentlichen Touristenattraktion entwickelt. Führungen werden von ehemaligen politischen Gefangenen veranstaltet, die schwarze Taxis lenken. Die gewissenhaftesten Reiseleiter bringen Besucher bis zur Peace Line, die bis heute Falls vom protestantischen Nachbarviertel Shankill trennt. Machen Sie unterwegs Halt beim gälischen Kulturzentrum Cultúrlann McAdam-O Fiaich, das geführte Rundgänge zu diversen Themen organisiert.

Protestantische Stadtteile

In den protestantischen Vierteln Shankill, Sandy Row (nahe des Zentrums) und East Belfast (östlich des Lagan) sind die Farben des Union Jack – blau, weiß

Eine Idylle – die Gärten von Mount Stewart südöstlich von Belfast.

und rot – omnipräsent. Auch wenn diese Viertel weniger touristisch sind als die katholischen, lohnt sich doch ein Besuch des Fernhill House in Shankill, ein schönes Gebäude von 1864, in dem das People's Museum untergebracht ist, welches die Geschichte der Region aus der Sicht der Loyalisten präsentiert.

Belfast Castle

Das Schloss auf dem Cave Hill im Nordwesten Belfasts ist mit Türmchen im schottischen Stil verziert. Der auf eine normannische Burg des 12. Jh. zurückgehende Bau gehörte im 19. Jh. dem Grafen Shaftesbury, einem ehemaligen Bürgermeister, der die Burg später der Stadt vermachte. Der **Zoo** im Norden des Schlosses ist befasst sich mit der Wiederansiedlung bedrohter Tierarten in freier Wildbahn.

Östlich und südlich von Belfast

Das Südufer des Belfast Lough entlang führt eine kurze Auto- oder Bahnfahrt ins 13 km von der Stadt entfernte Holywood und zum **Ulster Folk and Transport Museum**. Es besteht aus zwei separaten Teilen: einerseits einem Freilichtmuseum mit rund 30 Gebäuden aus der ganzen Provinz, die an ihrem Originalplatz abgetragen und im Folk

Park wieder aufgebaut wurden. Wohnhäuser, Bauernhöfe, Weberei, Schmiede, Bank, Post, Schule und Kirche (von 1790) geben einen Eindruck davon, wie ein Dorf in Nordirland einst aussah. Im Transport Museum andererseits stehen Kutschen, Oldtimer u.a.

Das **Stormont Castle** aus dem 19. Jh. südlich von Holywood, ein strenges klassizistisches Bauwerk, wurde nach Irlands Teilung begonnen und 1928 fertiggestellt. Die Regierung des Vereinigten Königreichs in London löste das Parlament 1972 auf, doch dank der Regelung der politischen Lage in Nordirland konnte es seinen Dienst wieder aufnehmen. Man darf im Park spazieren gehen.

Halbinsel Ards

Bangor am Südufer des Belfast Lough wurde durch den Bau der Bahnlinie in der Mitte des 19. Jh. für die Hauptstädter zum beliebtesten Ort am Meer. Er hat noch immer viktorianisches Gepräge, trotz eines modernen Jachthafens und Wohnsiedlungen für die zahlreichen Pendler.

Ein weiteres Ausflugsziel der Städter ist die 40 km lange **Halbinsel Ards**. An ihrer Ostküste zur Irischen See hin liegen Sandstrände. Das Westufer am geschützten **Strangford Lough** zieht Angler, Windsurfer und Vogelfreunde an. **Mount Stewart** am Ufer des Lough ist ein sehr vornehmer georgianischer Landsitz im Besitz des National Trust. Hier wurde Lord Castlereagh, ein Staatsmann des 19. Jh., geboren. Die prächtigen Gärten stammen aus den 1920er-Jahren. Von der nahen **Grey Abbey** stehen nur noch Ruinen, und die mittelalterliche Kirche hat ihr Dach verloren…

Wer nach Süden weiterfahren möchte, kann die Personen- und Autofähren benutzen, die im Halbstundentakt zwischen Portaferry und Strangford die Meerenge des Strangford Lough kreuzen. Wenn Sie noch Zeit haben, besuchen Sie das Aquarium Exploris.

Mourne Mountains

Das in einem Volkslied besungene schroffe Gebirge 50 km von Belfast erhebt sich abrupt aus einer Hügellandschaft und zieht Wanderer und Kletterer an. **Slieve Donard** ist mit 852 m die höchste Erhebung der rund 20 km breiten Bergkette über dem Seekurort **Newcastle**. Ein gut bezeichneter Pfad führt zum Gipfel mit einer alten Einsiedlerklause.

An klaren Tagen reicht die Sicht bis zur schottischen Küste. Nebenstraßen führen durch das Gebirge, vorbei an Felshängen, Seen und Mooren.

Küste der Grafschaft Antrim

Die große Festung **Carrickfergus Castle**, 16 km nördlich von Belfast, wurde 1178 vom Normannen John de Courcy begonnen. Ihr massiver Bergfried entstand um 1200.

Im Mittelalter war Carrickfergus ein größerer Hafen als Belfast. Heute wimmelt er von Vergnügungsbooten. Von **Larne** weiter küstenaufwärts aus gibt es regelmäßige Fährverbindungen nach Stranraer und Cairnryan in Südwestschottland.

Die Antrim Mountains an der Nordostküste sind eher flache, teils moorige Hügel. Reißende Flüsse haben die Landschaft durchschnitten. Die so entstandenen grünen Täler, die **Glens of Antrim**, sind für ihre Schönheit berühmt. Die Nordostspitze Irlands bildet **Fair Head**, eine 194 m hohe Felsenklippe. Der Aufstieg wird mit einer herrlichen Sicht auf die von wenigen Menschen, aber um so mehr Seevögeln bevölkerten **Ruthlin Inseln** belohnt. In einer Höhle am Nordostufer fand angeblich Robert the Bruce Zuflucht und ließ sich von einer Spinne dazu inspirieren, ohne Unterlass für den Thron von Schottland zu kämpfen. Aus dem 10 km entfernten Ferienort Ballycastle ist die Insel mit dem Boot auf der oft rauen See zu erreichen.

Giant's Causeway

Zehntausende von sechseckigen Säulen aus schwarzem Basalt bilden Türme, Terrassen und ins Meer abfallende Stufen: eines der geologischen Wunder dieser Erde. Die Anordnung ist so regelmäßig, dass ein natürlicher Ursprung in der Vergangenheit als unmöglich galt. Die riesigen Ausmaße schienen ebenso auszuschließen, dass das Gebilde von Menschenhand geschaffen wurde. Laut irischen Sagen war es ein Riese namens Finn MacCool, der hier einen Damm nach Schottland bauen wollte. Wissenschaftler erklären das Phänomen mit der langsamen Abkühlung und Kristallisierung von Vulkangestein vor 60 Mio. Jahren. Die Struktur ist nicht so gleichmäßig, wie man auf den ersten Blick meint; einige Säulen sind fünf-, andere sieben- oder achteckig.

Der Ort steht unter dem Schutz des National Trust. Autos müssen oben am Strandweg parkieren, ein Pendelbus steht zur Verfügung. Wie am Causeway sind bei Wanderungen entlang der östlichen Küste weitere seltsame Felsgebilde zu sehen. *Spanish Inlet* wurde nach einem Wrack der spanischen Armada benannt, aus dem Taucher in den 1960er-Jahren zahlreiche Schätze bargen, die jetzt im Ulster Museum ausgestellt sind.

Cork

und Irlands Südwesten

Rebellisches County

Von den fruchtbaren Agrarflächen der Grafschaft Cork (der aufgrund ihrer turbulenten Geschichte der Spitzname »rebellisches County« vergeben wurde) bis zu den Felsen und Sumpfgebieten von Kerry bietet der Südwesten Irlands den Besuchern faszinierende Landschaften. Zu den vielen Höhepunkten in dieser Region zählen Kinsale, Killarney, der Ring of Kerry und die Dingle-Halbinsel.

Das bereits von den Wikingern gegründete Cork liegt umgeben von steilen Hügeln an der ausgezackten Südwestküste der »grünen Insel«, und frische salzhaltige Luft durchweht seine anheimelnden Straßen. Erst vor Kurzem wurde die Stadt auf Hochglanz gebracht: Sie war 2005 Kulturhauptstadt Europas, eine Auszeichnung, die mit zahlreichen Verschönerungen und Veranstaltungen gefeiert wurde.

Der Einfluss des Golfstroms sorgt in der Grafschaft Cork für ein ausgesprochen mildes Klima; in den Gärten gedeihen subtropische Pflanzen, in der Bucht von Bantry wimmelt es von Fischen, und die Berglandschaft ist beeindruckend.

Nachdem Sie Cork und seine Umgebung erkundet haben, führt die Reise weiter entlang der Südwestküste, über Cobh und das malerische Kinsale, Bantry Bay, Glengarriff und Castletownbere weiter bis zur Dingle-Halbinsel und nach Tralee. Der Ring of Kerry – eine 175 km lange Küstenstraße um die Halbinsel Iveragh – ist zu Recht berühmt, kann er doch mit besonderen landschaftlichen Eindrücken aufwarten. Auf der sehr pittoresken Dingle-Halbinsel schließlich sind unzählige Überreste aus der Frühgeschichte und den Anfängen des Christentums zu bewundern.

Auch wer zum ersten Mal nach Irland reist, wird sich hier schnell wie zu Hause fühlen. Der Empfang ist warmherzig und freundlich. Die Menschen sind aufgeschlossen, Fremden gegenüber hilfsbereit, und in Geschäften, Bussen oder auf der Straße ergeben sich schnell Gespräche. Eine schlichte Frage nach dem Weg kann zu einer Unterhaltung führen oder den Gefragten zum Geschichten erzählen anregen. Die Iren sind geborene Spaßvögel, sie reden viel und gern und ihre melodiöse Sprechweise verzaubert jeden.

Ein idealer Ort, um die Einheimischen näher kennen zu lernen, ist das Pub: Hier schließen wildfremde Leute bei einem Drink Freundschaft, und die Stimmung wird meist zunehmend ausgelassener…

Die Ruine von Ross Castle am Ufer des Lough Leane bei Killarney.

Cork

Die zweitgrößte Stadt der Republik entstand auf niedrig gelegenen Inseln des Flusses Lee, wobei die Wasserstraßen als Verkehrsadern dienten. Die Grand Parade war ursprünglich ein Flussarm, der erst im 18. Jh. aufgefüllt wurde. Andere Kanäle durchziehen heute noch das Zentrum. Nachdem der hl. Finbarr im 6. Jh. ein Kloster gegründet hatte, entwickelte sich um die Anlage rasch eine kleine Stadt, die im 18. Jh. ein blühendes Handels- und Gewerbezentrum inmitten einer reichen, landwirtschaftlich geprägten Region darstellte. Während des irischen Bürgerkriegs von 1919–21 litt Cork unter den »Black and Tans« (Soldaten der britischen Armee, nach den Farben ihrer Uniform genannt), die Thomas MacCurtain, Bürgermeister und Befürworter der Unabhängigkeit, ermordeten. Die 1970er-Jahre brachten dank der erstarkenden Leichtindustrie und des Dienstleistungssektors einen erneuten Aufschwung.

Corks Sehenswürdigkeiten kann man zu Fuß erkunden (Stadtpläne gibt es im Verkehrsbüro am südlichen Ende der Grand Parade). Unbedingt einen Besuch wert ist der renovierte **English Market**, der von der Grand Parade aus zugänglich ist. Über die Hauptstraße von Cork, die **St. Patrick Street**, gelangt man zu einem beliebten Treffpunkt, der Statue von Pater Theobald Mathew, der im 19. Jh. als unermüdlicher Prediger für den Ausgleich zwischen katholischen Iren und protestantischen Engländern eintrat.

Am Lavitt's Quay steht das moderne Opernhaus. Gegenüber, auf dem steilen Hügel am anderen Flussufer, liegt Shandon, einer der ältesten Bezirke mit dem Wahrzeichen der Stadt: **St. Ann's Church** (1722) mit ihrem an einen Pfefferstreuer erinnernden Kirchturm, der lachsfarbenen Wetterfahne und dem berühmten Glockenspiel.

Von der Grand Parade aus gelangt man über den südlichen Lee-Arm zur **Red Abbey**, einem ehemaligen Augustinerkloster, das zu den wenigen Relikten des Mittelalters gehört, die es in Irland noch gibt. Wer gerne einen freien Blick auf Cork und den Hafen werfen möchte, unternimmt am besten einen Bootsausflug oder setzt nach Cobh über.

An kulturellen Veranstaltungen hat Cork viel zu bieten: »The Real Capital«, wie die Einheimischen die Stadt gerne nennen, organisiert jedes Jahr verschiedene Festivals, darunter eines für Chormusik, Jazz und Film.

Ausflüge von Cork

Das beeindruckende **Blarney Castle** aus dem 15. Jh., 8 km nordwestlich von Cork, war einst Wohnsitz der MacCarthys. Der Burgherr Lord Blarney war bekannt für seine Schmeicheleien und die Gabe, mündlich gemachte Versprechen nicht einzuhalten. Sogar Elisabeth I. beklagte sich darüber. Deshalb bedeutet die englische Redewendung *This is all Blarney* so viel wie: »Das sind alles faule Ausreden«. Der Legende nach soll man die Gabe der Beredsamkeit erlangen, wenn man – mit dem Kopf nach unten – den so genannten Blarney Stone in der Turmruine küsst…

Im **Jameson Heritage Centre** in Midleton, etwa 20 km östlich von Cork, erfährt man auf einer Führung mit Tonbildschau und Kostproben in der schön restaurierten Brennerei, die 1825–1975 in Betrieb war, alles über die Geschichte des irischen Whiskey.

Der kleine Hafenort **Youghal** rund 40 km östlich von Cork am Westufer der Mündung des Blackwater war früher für seine Spitzen bekannt. Diese Handarbeit ist heute kaum mehr anzutreffen. Im vierstöckigen Clock House im Zentrum, einem Stadttor aus den 1770er-Jahren, ist ein Museum untergebracht. Die Church Street führt an renovierten Armenhäusern (1610) vorbei zur St. Mary's Church mit ihrem frei stehenden Glockenturm und einem weiteren Turm aus dem 13. Jh. Das Kircheninnere birgt zahlreiche reliefgeschmückte Gräber, darunter die farbenprächtige Grabkapelle von Richard Boyle, dem »Großen Grafen von Cork«.

Von Cobh bis Tralee

Der Hafen von **Cobh** (ausgesprochen wie *cove*, englisch für Bucht) am lang gestreckten Golf zwischen Cork und dem offenen Meer hieß bis 1921 Queenstown. Er profitierte davon, dass die großen Schiffe nicht in Cork anlegen konnten.

Bedeutende Ereignisse nahmen in Cobh ihren Anfang: 1791 wurden von hier aus Sträflinge nach Australien geschickt; Truppenfrachter nahmen während der Napoleonischen Kriege, des Krimkriegs und des Burenkriegs Soldaten an Bord; Emigranten brachen in die Fremde auf; es war der letzte Hafen, den die *Titanic* 1912 anlief; und nachdem die *Lusitania* 1915 von einem deutschen U-Boot versenkt worden war, brachte man die wenigen Überlebenden hier an Land.

Der Bahnhof am Kai beherbergt eine Ausstellung namens The Queenstown Story, die den Besuchern mit einer Multimediaschau die Stadtgeschichte nahe bringt. Schwerpunktthema sind die drei Millionen Iren, die von diesem Kai aus mit der Hoffnung auf ein besseres Leben in Amerika das Land verließen. Die Auswanderungswelle begann mit ein paar Tausend Emigranten in den 1830er-Jahren und dauerte etwa sechs Jahrzehnte. Vor dem Bahnhof steht eine Statue, die eine Frau mit ihren beiden Kindern darstellt – eine einzelne Familie, mit der stellvertretend allen Emigranten die Ehre erwiesen wird.

Der geschützte kleine Fischerort **Kinsale** südlich von Cork hat sich zu einem Jachthafen und Ferienzentrum entwickelt. Er besticht durch malerische alte Geschäfte und einige gute Restaurants. Kinsale blickt auf eine bewegte Vergangenheit zurück. 1601 gingen die Spanier hier an Land, um einen irischen Aufruhr gegen die englischen Besatzer zu unterstützen, was jedoch misslang. In der Folge emigrierten viele irische Aristokraten. Diese Fluchtwelle ist als »Flight of the Earls« in die Geschichte eingegangen. 1689 kam James II., in der Hoffnung seinen Thron zurückzugewinnen, nach Kinsale; von hier aus trat er 1690 nach der Schlacht von Boyne auch seinen Rückzug an. Nach der Invasion der

Gourmets schätzen die Restaurants im Fischerstädtchen Kinsale.

Spanier wurde auf der Westseite des Hafens James Fort erbaut. Charles Fort auf der Ostseite stammt aus den 1670er-Jahren; in dieser Verteidigungsanlage waren bis 1921 englische Soldaten untergebracht. Die Kirche St. Multose im Stadtzentrum weist einige normannische Stilelemente auf. Im Desmond Castle (16. Jh.) wurden französische Gefangene während der Napoleonischen Kriege festgehalten. Das ehemalige Gerichtsgebäude beherbergt ein Museum zur Geschichte der Region.

Die Straße Richtung Süden führt zum Old Head of Kinsale. Die Spitze der Halbinsel, die einen spektakulären Blick auf die Klippenlandschaft bietet, ist zu Fuß zu erreichen.

Die kleine ruhige Stadt **Clonakilty** im Westen der Grafschaft Cork verwandelt sich während des Septemberfestivals zu einem lebhaften Zentrum der Gitarrenmusik. Im Weiler Woodfield wurde 1890 der Freiheitskämpfer Michael Collins geboren; er fiel 1922 im Bürgerkrieg ganz in der Nähe.

Auch im Hafenort **Baltimore** herrscht im Sommer Hochbetrieb. Gegenüber den Ruinen eines alten Forts erinnert ein Pub namens Algiers Inn an die Ereignisse von 1631. Damals entführten Piraten über hundert Dorfbewohner und verkauften sie als Sklaven.

Bantry Bay ist der tiefste Küsteneinschnitt Irlands, der jedoch wegen seiner südwestlichen Ausrichtung nur wenig Schutz vor den Winden bietet. Die Stadt Bantry eignet sich gut als Ausgangspunkt für Ausflüge ans Meer und in die Berge.

Bantry House wurde im 18. und 19. Jh. erbaut, und seit über 200 Jahren wohnt hier dieselbe Familie. Ein Teil der Anlage ist in ein Hotel umgewandelt worden. Die Terrassen in dem nach italienischem Vorbild angelegten Park bieten wundervolle Ausblicke auf Schlossanlage und Bucht. Die im ehemaligen Stallbereich untergebrachte French Armada Exhibition (zurzeit geschlossen), berichtet über die gescheiterte Invasion der Franzosen von 1796.

Glengarriff liegt an einem Seitenarm der Bantry Bay und ist von zerklüfteten Felsen und Gebirgen umgeben. Seit dem 19. Jh. werden Sommerfrischler vom milden Klima angezogen. Eine der Attraktionen von Glengarriff ist der Bamboo Park mit seinen vielen Bambus- und Palmengewächsen.

Der beliebteste Ausflug führt mit einem Boot durch die mit Inselchen übersäte Bantry Bay zur paradiesischen Insel **Garinish** mit schönen italienischen Gärten.

An der ruhigen Küstenlinie der Beara-Halbinsel liegt der Hafen **Castletownbere**, wo zahlreiche europäische Fischereiflotten anlegen.

Abstecher ins Landesinnere

Der seit dem 19. Jh. hoch geschätzte Ferienort **Killarney** liegt eingebettet zwischen schönen Seen und einer herrlichen Gebirgsszenerie. Restaurants, Pubs und Läden säumen die Main Street und ihre Verlängerung, die High Street.

Neben Pub-Abenden mit traditioneller Musik gehören hier zu den beliebten Freizeitbeschäftigungen auch der Pferderennsport und der gälische Fußball, der stets Unmengen von Zuschauern anlockt.

Man kommt jedoch vor allem wegen der Umgebung nach Killarney. Die Kutscher *(jarveys)* der traditionellen Pferdewagen *(jaunting cars)* stehen überall bereit. Auf dem nahen **Lough Lane** kann man einen Ausflug in einem Panoramaboot unternehmen. Die Ruine von **Ross Castle** am Ufer erinnert daran, wie ihre Verteidiger monatelang der Belagerung durch Cromwells Streitkräfte trotzten. Die Franziskanerabtei **Muckross** im Süden der Stadt wurde durch Cromwells Truppen 1652 zerstört. Das benachbarte **Muckross House**, 1843 im elisabethanischen Stil errichtet, übergaben seine Besitzer 1932 dem irischen Staat. Man kann im schönen Park spazieren gehen, und auch im Haus selbst gibt es viel Interessantes zu sehen. Auf den nachgebauten und komplett eingerichteten Bauernhöfen des Kerry Country Life Experience bekommt man vor Augen geführt, wie das Landleben in den 1930er-Jahren ausgesehen hat.

Die 6 km lange Schlucht **Gap of Dunloe** westlich der Seen sollte kein Killarney-Besucher versäumen. Von Kate Kearney's Cottage kann man einen Teil des Wegs auf einem Pferd oder Pony, in der Kutsche, mit dem Fahrrad oder zu Fuß zurücklegen. Wanderer brauchen für den Hin- und Rückweg ungefähr drei Stunden. Einige Minibus-Touren sind mit einer Bootsfahrt auf dem **Upper Lake** und zum Lough Leane verbunden.

MacGillycuddy's Reeks heißt der Gebirgszug südwestlich von Killarney, der vom Gap of Dunloe durchschnitten wird. Der 1041 m hohe **Carrantuohill** ist die höchste Erhebung Irlands; der Aufstieg gilt als Bergtour. Mit einem schönen Ausblick lockt auch der 840 m hohe Mangerton, der sich abseits der Reeks südlich von Killarney befindet.

Ring of Kerry

Die 175 km lange Küstenstraße um die Halbinsel Iveragh, genannt Ring of Kerry, führt zu den landschaftlichen Höhepunkten der Region.

Die Reise (im Uhrzeigersinn) beginnt bei **Kenmare**, einem bekannten Ausgangspunkt für Wander- und Angeltouren mit einigen guten Hotels und einem gepflegten Golfplatz. Durch eine liebliche Landschaft gelangt man zum Ferienort **Parknasilla**, in dessen küstennahen Gewässern gelegentlich Robben zu beobachten sind. Vor dem Hintergrund des Caha-Gebirgszugs ist **Sneem** mit seinen bunten Häusern um einen grünen Dorfanger hübsch anzusehen. Bei Castlecove sollte man Ausschau nach einem Wegweiser zum **Staigue Fort** halten. Die bis zu 4 m hohen terrassierten Mauern dieser prähistorischen Ringfestung wurden ohne Mörtel aufgeschichtet; innerhalb des Walls befinden sich zwei kleine Kammern. Die Zufluchtsstätte muss ungefähr 500 v. Chr. entstanden sein.

In der Nähe von Caherdaniel zweigt eine Straße meerwärts Richtung **Derrynane House** ab. Auf diesem Herrensitz lebte bis 1847 Daniel O'Connell, der berühmte Verfechter der Katholiken. Nachdem der letzte Vertreter der Familie gestorben war, wurde das Anwesen ziemlich vernachlässigt. Heute ist es restauriert und als Museum zugänglich.

Waterville ist ein traditionsreiches Seebad mit unzähligen Übernachtungsmöglichkeiten. Menhire und Dolmen weisen darauf hin, dass sich hier in prähistorischer Zeit eine bedeutende Begräbnisstätte befand.

Von Portmagee führt eine Brücke nach **Valentia Island**. Von hier aus wurde 1866 das erste Transatlantik-Kabel verlegt und eine telegrafische Verbindung mit Amerika hergestellt. Im Skellig Experience Centre auf Valentia Island erzählt eine Tonbildschau vom Leben der ersten irischen Christen, die sich auf einer Insel der Felsengruppe **Skellig Islands** niedergelassen hatten. Ein modernes Fährschiff umrundet die Eilande. Mit anderen Booten gelangt man bis nach Skellig Michael mit seinen hoch aufragenden Felsen. Vom Landungssteg führen steile Stufen empor zum Kloster, das zwischen dem 7. und 12. Jh. von Mönchen bewohnt war. Die benachbarte Insel Little Skellig darf nicht betreten werden; in diesem Vogelschutzgebiet nisten Tausende von Tölpelpaaren.

An der Nordküste der Halbinsel fallen grüne Hügel und steile Felsen buchstäblich in die **Dingle Bay**, die erstaunlich groß wirkt; die Dingle-Halbinsel in der Ferne scheint eine andere Welt zu sein. Zwischen Glenbeigh und Killorglin schützen mächtige Sandbänke die Küste vor der Gewalt des Meeres. Der feine goldene Sand des 6 km langen **Rossbeigh Strand** ist fantastisch.

In **Killorglin**, der letzten Stadt der Rundfahrt, freut man sich das ganze Jahr auf die »Puck Fair« (Koboldmesse) im August.

Dingle-Halbinsel

Auf der malerischen Dingle-Halbinsel gibt es unzählige prähistorische und frühchristliche Monumente. In dieser Gegend wird noch überwiegend Gälisch gesprochen. **Dingle** (*An Daingean*) ist stolz darauf, die westlichste Stadt Europas zu sein. Die Straßen sind gesäumt von Terrassencafés und Geschäften; im Hafen ankern in- und ausländische Fischtrawler, und im Sommer beleben Touristen die Restaurants und Pubs.

Dunbeg, eine direkt am Meer gelegene Befestigungsanlage aus der Eisenzeit, wird durch Wälle und Gräben und einen komplizierten Eingang geschützt. Archäologischen Untersuchungen zufolge wurde die Festung 580 v. Chr. erbaut und bis ins 11. Jh. n. Chr. genutzt.

Auf der Fahrt nach Fahan trifft man an den Abhängen des **Mount Eagle** auf die prähistorischen »Bienenkorb«-Steinhütten. Der 517 m hohe Berg lohnt einen Aufstieg, da sich bei klarem Wetter ein herrlicher Blick bietet.

An ruhigen Tagen verführt eine kleine Sandbucht bei **Slea Head** abgehärtete Besucher zum Schwimmen. Vor der Küste liegen die zerklüfteten Blaskett Islands, die 1953 von ihren letzten Bewohnern verlassen wurden.

Westlich von Smerwick Harbour, an der Nordküste der Halbinsel, liegen im Schilf versteckt die Ruinen des **Fort del Oro**, das 1579 von spanischen Soldaten erbaut wurde. Sie hatten den Auftrag, während der Regierungszeit von Elisabeth I. eine katholische Rebellion zu unterstützen. Die Festung wurde von der englischen Marine gestürmt. Ein modernes Steindenkmal erinnert an die Gefallenen.

Östlich von Ballyferriter steht eine kleine Steinkirche aus dem 8. Jh., genannt **Gallarus Oratory**. Das Gebetshaus, dessen Mauern ohne Mörtel aufgeschichtet wurden, sieht aus wie ein umgekehrtes Boot.

Gegen den Horizont im Osten hebt sich **Mount Brandon** ab, mit 953 m der zweithöchste Berg Irlands. Von Ballybrack aus führt die Saint's Road zum Gipfel und zu den Ruinen des Gebetshauses des hl. Brendan.

Tralee selbst ist nicht besonders attraktiv, aber hier findet jeden August die Wahl zur »Rose of Tralee«, der Schönheitswettbewerb der jungen Irinnen, statt. Eine Woche lang gibt es Umzüge, Pferderennen und Straßenfeste. Im National Folklore Theatre (Siamsa Tíre) kommen einheimische Lieder und Tänze zur Aufführung.

Die Ausstellung des Kerry County Museum führt die Besucher durch die Geschichte der Stadt, und eine Tonbildschau bringt ihnen Land und Leute der Grafschaft näher.

Im Süden von Tralee steht die renovierte Blennerville-Windmühle, in der seit 200 Jahren Getreide gemahlen wird. Vom benachbarten Kai aus haben viele Iren ihr Land für immer verlassen. Mit dem originalgetreu nachgebauten Segelschiff *Jeanie Johnston*, das einst unzählige Auswanderer an Bord hatte, wurde 1999 von hier aus eine Gedenkfahrt nach Nordamerika gestartet.

Nordwestlich von Tralee liegen die langen grauen Ruinen der mittelalterlichen **Ardfert Cathedral**, die auf den Grundmauern der Kirche des hl. Brendan errichtet wurde.

Ein Blick in die Küche

In Belfast findet man die besten Restaurants – auch chinesische, indische usw. – im Zentrum und an der »Goldenen Meile« längs der Queen's University. Einige Pubs servieren traditionelle Küche wie dicke Suppen und *Irish Stew*, ein Eintopf mit Hammel- oder Lammfleisch, Karotten, Kartoffeln, Zwiebeln und Kräutern.

An hochwertigen Zutaten – aus dem Meer und den Flüssen oder von den grünen Weiden – fehlt es in der irischen Küche nicht. Die Zutaten des auf der ganzen Insel servierten *Dublin coddle* sind Speck, Wurst, Kartoffeln, Äpfel, Zwiebeln und Petersilie. *Boxty*, ein beliebtes Kartoffelgericht ähnlich der Schweizer Rösti, kommt mitunter auch als Brot auf den Tisch. Übrigens wird das weiße oder braune irische *soda bread* aus Mehl, Buttermilch, Salz und Natriumbikarbonat als Treibmittel gebacken.

Seit einigen Jahren produziert man in Irland auch hervorragenden Käse. Probieren Sie den *Cashel Blue* aus Tipperary, den *Gubbeen* aus West-Cork oder den Schafskäse *Knockalara*.

Aufläufe, Kuchen und Puddings sind wirklich sehr süß, fruchtig und werden oft mit dicker Sahne übergossen.

Ein Krug Wasser steht fast immer auf dem Tisch. In den Pubs hingegen trinken die Iren am liebsten *stout*, das schwere, dunkle Bier. Irischer Whiskey ist von erstklassiger Qualität; er wird pur oder mit etwas Wasser, aber niemals mit Eis getrunken.

Einkaufsbummel

Nordirland ist die Heimat der feinen Leinenstoffe. Obschon nur noch wenig Flachs angebaut wird, gibt es nach wie vor Leinenwebereien. Die Belfaster Kaufhäuser befinden sich um den Donegall Place und die Royal Avenue, Spezialgeschäfte an der Cornmarket und Fountain Street und in den gedeckten Arkaden. In Dublin lohnt sich ein Bummel durch das St. Stephen's Green Centre. Wer Bücher, Antiquitäten und nette Kleinigkeiten sucht, geht am besten durch die Gassen von Temple Bar und vom Liberties-Viertel.

Am schönsten sind all jene Dinge, die von Hand teils nach altem Brauch, teils fantasievoll hergestellt werden: Aran-Fischerpullover, Mützen und Schals, Tweed, Spitzen, feines, handgeschliffenes Waterford-Kristallglas. Gut als Souvenir eignen sich auch Korbwaren, Emailarbeiten und Schmuck mit keltischen Motiven.

Praktische Hinweise für Irland

Geld. In Nordirland zahlt man mit britischen Pfund Sterling. Es gibt nordirische Banknoten, die dem Nennwert der Scheine der Bank von England entsprechen. In der Republik Irland wird der Euro verwendet.

Klima. Das Wetter ist unbeständig. Es ist selten heiß, meist kühl und oft nass, besonders im Westen.

Öffnungszeiten. *Banken*: Montag bis Freitag 9.30–16.30 Uhr, in großen Städten zum Teil auch am Samstag bis mittags. Fremdwährungen und Travellerschecks können zu weniger günstigen Kursen auch in großen Hotels gewechselt werden. *Geschäfte*: im Allgemeinen Montag bis Samstag 9–17 oder 18 Uhr; einige Geschäfte sind auch am Sonntag geöffnet, und Supermärkte schließen oft später. *Postamt*: Montag bis Freitag 9–17 Uhr, am Samstag 9–13 Uhr. *Museen:* im Allgemeinen 9.30 oder 10 Uhr bis 16 oder 17 Uhr. Einige sind montags geschlossen.

Rauchen. In der Republik Irland gilt ein generelles Rauchverbot an allen öffentlichen Orten (Restaurants, Pubs usw.) und am Arbeitsplatz.

Religion. In Nordirland gibt es einen großen Anteil an Katholiken, die Mehrheit der Bevölkerung ist jedoch protestantisch. In der Republik Irland überwiegen die Katholiken.

Strom. Die Spannung beträgt 220 bis 240 Volt. Für Steckdosen sind dreipolige Zwischenstecker erforderlich.

Sicherheit. Belfast ist eine sichere Stadt für Besucher, wenn sie ein paar Vorsichtsmaßnahmen berücksichtigen: bei Nacht dunkle Straßen meiden, nur an gut beleuchteten oder bewachten Orten parken und keine Wertgegenstände unbeaufsichtigt lassen. Dasselbe gilt für die Republik Irland.

Telefon. Um nach Deutschland, Österreich oder in die Schweiz zu telefonieren, wählen Sie 0049, bzw. 0043 oder 0041, danach die Ortsvorwahl ohne 0 und die Rufnummer. Münz- und Kartenautomaten sind weit verbreitet. Wer mit dem Handy unterwegs ist, erkundigt sich am besten vor der Abreise bei seinem Telefonanbieter nach der Kompatibilität der Netze.

Trinkgeld. Die Bedienung ist in Hotels und einigen Restaurants inbegriffen; in anderen gibt man für gute Bedienung 10% oder mehr. Gepäckträger und Friseur sollten ebenfalls ein Trinkgeld erhalten, und Taxifahrer erwarten rund 10% des Fahrpreises.

JPM Publikationen • *Spezialverlag für Reiseführer nach Maß*

www.jpmguides.com/ Printed in Switzerland – 12450.02.5752 – 0/904

Fotos: S. 97 D. Laverrière, S. 101 Huber/Ripani; S. 107 hemis.fr/Frilet, S. 114 M. Gostelow, S. 117 Visa/Lorgnier, S. 119 Board Failte/Irish Tourist Board; S. 122 hemis.fr/Wysocki